Constituição e Cidadania

0797

Conselho Editorial
André Luís Callegari
Carlos Alberto Alvaro de Oliveira
Carlos Alberto Molinaro
Daniel Francisco Mitidiero
Darci Guimarães Ribeiro
Draiton Gonzaga de Souza
Elaine Harzheim Macedo
Eugênio Facchini Neto
Giovani Agostini Saavedra
Ingo Wolfgang Sarlet
Jose Luis Bolzan de Morais
José Maria Rosa Tesheiner
Leandro Paulsen
Lenio Luiz Streck
Paulo Antônio Caliendo Velloso da Silveira

G267c   Gauer, Ruth Maria Chittó.
        Constituição e cidadania / Ruth Maria Chittó Gauer.
    – Porto Alegre: Livraria do Advogado, 2014.

        107 p.; 21 cm.

        Inclui bibliografia.

        ISBN 978-85-7348-879-1

        1. Direito constitucional. 2. Cidadania. I. Título.

CDU 342

CDD 342

Índice para catálogo sistemático:
1. Direito constitucional   342

(Bibliotecária responsável: Sabrina Leal Araujo – CRB 10/1507)

Ruth Maria Chittó Gauer

Constituição e Cidadania

Porto Alegre, 2014

© Ruth Maria Chittó Gauer, 2014

Capa, projeto gráfico e diagramação
Livraria do Advogado Editora

Revisão
Rosane Marques Borba

Direitos desta edição reservados por
Livraria do Advogado Editora Ltda.
Rua Riachuelo, 1300
90010-273 Porto Alegre RS
Fone/fax: 0800-51-7522
editora@livrariadoadvogado.com.br
www.doadvogado.com.br

Impresso no Brasil / Printed in Brazil

Agradeço profundamente ao Professor Doutor Fernando de Almeida Catroga, a quem sou devedora. Foi um grande privilégio ter podido contar com sua preciosa presença durante o meu estágio de Pós-Doutorado iniciado em 2011 quando dediquei um período de minha estada em Coimbra para coletar e selecionar parte do material empírico, destinado a essa pesquisa. Para além desta primeira etapa do trabalho, as orientações e informações fornecidas durante o período que retornei à Coimbra em 2012 foram de extrema importância. O aval final veio após a leitura da versão preliminar do texto. A série de sugestões e de revisões foi fundamental para melhorar de forma significativa a versão ora apresentada.

A convivência com o Professor Doutor Fernando Catroga contamina pelo impacto positivo de uma intensa reflexão que ganha densidade intelectual a cada encontro. Os resultados de muitos encontros forneceram inicialmente um terreno crítico a um projeto de pesquisa que ganhou muito com o acréscimo das ideias precisas sugeridas pelo Professor Fernando Catroga. O reconhecimento de seus pares deste exímio intelectual e, sobretudo, professor que faz honrar a sua profissão, não ocorre apenas em Portugal, mas também aqui no Brasil.

Prefácio

Prefaciar uma obra da colega e amiga Ruth Maria Chittó Gauer é tanto uma honra quanto um privilégio irrecusável, ainda mais em se cuidando de obra que versa sobre a formação do Estado e da Cidadania, mas também sobre os primórdios do constitucionalismo brasileiro. Por outro lado, não há como deixar de atribuir tal distinção, a de prefaciador, à generosidade da autora, pois é notório que não visto a "máscara" de historiador, nem mesmo de historiador do Direito, mas sim a de um entusiasmado pela teoria e dogmática do direito constitucional. Posso, todavia, afirmar que muito aprendi com a leitura dessa primorosa reconstrução histórica, que ilumina, com a precisão e a profundidade de quem já fez (e segue fazendo) Escola no Programa de Pós-Graduação em História e no Programa de Pós-Graduação em Ciências Criminais da PUCRS, passagem histórica cujo conhecimento e compreensão se revela como sendo essencial não apenas para quem se dedica à evolução do Estado, da cidadania e do constitucionalismo no Brasil, mas para quem pretende compreender o contexto mais amplo da formação do constitucionalismo moderno, contexto, aliás, ao qual Ruth não deixa de dar a devida e qualificada atenção.

Como em seus paradigmáticos trabalhos anteriores, a autora se nutre das e dialoga com as melhores fontes, sublinhando, ademais, aspectos em geral negligenciados por expressiva parte da doutrina dedicada ao tema, além de desconstruir alguns dogmas habituais, como, por exemplo, quando bem seleciona e enfrenta precisamente o problema central do processo constituinte, já desde o seu nascedouro, designadamente a discussão em torno do modelo de cidadania defendido e adotado pelos constituintes de 1823. De acordo com a apurada síntese de Ruth, tal modelo era fruto de sua época, e, em traços gerais, correspondia aos parâmetros desenvolvidos no pensamento iluminista e no constitucionalismo norte-americano e francês, embora também presente (à feição peculiar do modelo constitucional inglês) nas teorizações liberais e jusnaturalistas inglesas. De outra parte, o debate constitucional de 1823 era pautado pela premissa da igualdade natural e apostava na integração das populações que habitavam o Brasil ao tempo da independência, com o intuito de resolver os desafios da complexidade da população, as profundas diferenças entre os diversos grupos populacionais e as exigências da igualdade formal ínsitas ao ideário liberal. Para tanto, a autora recupera, dentre outros parlamentares influentes da época, os discursos igualitários de Silva Lisboa (que advogava a gradual inserção dos libertos e mestiços na cidadania), demonstrando a sua importância que em boa parte vinha sendo negligenciada. Da mesma forma a autora bem demonstra as contradições entre a realidade que caracterizava a sociedade da época, notadamente (mas não exclusivamente) no que diz respeito à situação concreta dos escravos, dos libertos, dos indígenas, dos mestiços, dos pobres e das mulheres, marcada por uma profunda desigualdade, e a defesa dos postulados iluministas da igualdade de todos e da defesa da humanidade, contradição que, contudo, não se revelava, na ocasião, algo exclusivo da experiência constitucional brasileira.

Mas o que aqui se pretendeu trazer é apenas uma pálida amostra da riqueza desta (no caso, considerando os precedentes, de mais esta!) pequena (em volume), mas simultaneamente grande (pela qualidade do seu conteúdo) obra da autora, resultado, como há de ser sublinhado, de suas pesquisas em nível de Pós-Doutorado na Universidade de Coimbra junto ao grande Fernando Catroga.

O mais importante, contudo, é que o presente texto encontre ampla divulgação e leitura, pois estamos certos de que com isso sairão enriquecidos não apenas os que se dedicam ao estudo do constitucionalismo brasileiro, mas todos aqueles que buscam compreender a formação do Estado e da Cidadania no Brasil.

Porto Alegre, junho de 2013.

Prof. Dr. Ingo Wolfgang Sarlet

Professor Titular dos Programas de
Pós-Graduação em Direito e em
Ciências Criminais da PUCRS

Sumário

1. A convocação da Assembleia Constituinte de 1823 13

2. A ideia de cidadania 17

3. Caminhos para pensar a cidadania 27

4. Os constituintes de 1823 e o debate sobre a cidadania 33

5. Do Direito Constitucional à cidadania: o discurso de Silva Lisboa . .63

6. O segundo discurso de Silva Lisboa: a defesa dos alforriados 85

7. Considerações 99

Bibliografia..105

1. A convocação da Assembleia Constituinte de 1823

O *Revérbero Constitucional Fluminense* publicou, em seu número de 24 de setembro, uma carta na qual o autor opinava sobre a convocação de uma Constituinte para o Brasil. Na opinião do Desembargador Bernardo José da Gama, autor da carta, seria "o único modo de salvar a Nação de um e outro hemisfério". A argumentação em favor de uma constituinte foi defendida com mais um argumento no qual se pode ler: "o único modo de vincular a Nação em laços mais estáveis e duradouros".[1] Este não foi o único pronunciamento favorável a uma constituinte brasileira, tais pronunciamentos reafirmaram a intenção de se construir um Estado Imperial que se consolidaria com a solidez de uma carta constitucional. No entanto, há vários documentos que referem ter sido de José Bonifácio a ideia de uma constituinte. O discurso que proferiu em 26 de janeiro de 1822, em nome da deputação paulista,[2] quando solicitava ao Príncipe Regente que ficasse no Brasil, manifestava também a importância da convocação de uma assembleia constituinte.

Outras manifestações em favor de uma constituinte levaram D. Pedro I, em 3 de junho do mesmo ano, a con-

---

[1] *Revérbero Constitucional Fluminense*, n. 18, 24 de setembro de 1822.
[2] SOUSA, Alberto. *Os Andradas*. São Paulo, 1922, II, p. 443-444.

vocar a assembleia geral constituinte e legislativa. No decreto de convocação se escrevia:

> "Para a mantença da integridade da monarquia portuguesa e justo decoro do Brasil, era convocada uma assembleia luso-brasiliense, que, investida daquela porção de soberania que essencialmente reside no povo deste grande e riquíssimo continente, constitua as bases sobre que se devam erigir a sua independência, que a natureza marcara e que já estava de posse, e a sua união com todas as outras partes integrantes da grande família portuguesa, que cordialmente deseja".[3]

Tal manifestação do Imperador permitiu que, em 19 de junho, José Bonifácio assinasse as instruções para a eleição dos deputados, baseadas no princípio da população livre e escrava, sem discriminação, tal como veio a ser adotado pelo artigo 97 da Constituição do Império, sem afastar, assim como vinha das eleições coloniais, os analfabetos. Pelas instruções de José Bonifácio, foram aumentadas as deputações de todas as províncias que haviam mandado deputados às Cortes.[4] Tais medidas anunciavam que o processo de independência já havia se instalado.

A constituinte brasileira foi eleita tendo se reunido, pela primeira vez no dia 17 de abril de 1823 para uma sessão preparatória, em que se encontravam 52 deputados já que muitos dos eleitos não conseguiram se deslocar e chegar a tempo para a primeira reunião. No dia 18 do mesmo mês, o deputado Andrada Machado leu a nominata dos deputados eleitos pelas suas respectivas províncias. No dia 30 do mesmo mês, marcou-se, para 3 de maio, a solene instalação a qual se realizou com o discurso de abertura proferido pelo Imperador D. Pedro I. Após a instalação oficial, os trabalhos passaram a ser desenvolvidos por meio de comissões, o projeto foi apresentado para apre-

---

[3] Correspondência Oficial RIHGB t. Especial 1922.

[4] *Annaes Fluminenses de Sciencia, 1822 e RIHGB29, parte 1, 159-199.*

ciação e votação na sessão de 16 de agosto de 1823. Antônio Carlos Ribeiro de Andrada, presidente da comissão, comunicou à primeira Assembleia Constituinte do Brasil o término do projeto constitucional elaborado pelos membros eleitos para esse fim; o projeto apresentado continha 272 artigos.

2. A ideia de cidadania

Há algo nos debates proferidos pelos deputados constituintes de 1823 que parece não ter sido pesquisado suficientemente, importa ser revisitado. Trata-se dos debates acerca da cidadania. O cidadão resultante da criação realizada pelos constituintes de 1823 permite compreender como foi construída a primeira comunidade política nacional. Tal categoria, pensada por meio do exercício racional, da deliberação pública e da primeira organização política nacional, explicita a estrutura do pensamento dos constituintes, assim como a definição de uma sociedade autônoma. A criação do cidadão brasileiro integra as estratégias de expansão e consolidação do estado, vincula-se ainda ao contexto das ações legais, legitimadoras do estado nacional. As propostas discursivas acerca da cidadania refletem o pensamento dos modernos códigos, os quais refletem os discursos dominantes do contexto, como poderemos constatar ao longo da análise do texto. Entre os discursos, podemos verificar a busca da possibilidade de construir uma cidadania que funcionasse como espaço de proteção e efetivação dos direitos civis, cidadania cívica própria do século XIX, diferente da cidadania política do século XX, como espaço de afirmação do indivíduo protegido juridicamente, paradigma do direito natural moderno. No caso brasileiro, verifica-se o debate sobre quais indivíduos seriam considerados cidadãos, e quais não seriam cidadãos, desse modo podemos constatar a existência da não cidadania para um número significativo de pessoas.

Constituição e Cidadania

O texto,[5] fonte empírica da pesquisa, apresenta as discussões sobre a aprovação do projeto de constituição, traz numa linguagem que contém a história dos discursos políticos e jurídicos a qual explicita a fala de vários deputados pertencentes à elite letrada brasileira do início do século XIX, mais especificamente 1823. Tais discursos revelam a diversidade do pensamento político do início do século acerca do conceito de cidadania, assim como o caráter temporal e as condições políticas em que foram pronunciados. Este período representa o primeiro momento da experiência política do parlamento após a independência do Brasil. Nos discursos, aparece a posição de vários autores em seus atos de fala, os quais retratam pontos de vista que refletem certa posição sobre os diferentes pensamentos dessa elite ilustrada. O pensamento dos autores deve ser incluído no elenco dos construtores das instituições políticas e da história do pensamento jurídico-político brasileiro. Podemos verificar que a ideia de unidade de pensamento dos constituintes de 1823 não se sustenta. Os conflitos explicitados por ocasião da votação dos artigos que comporiam a primeira Constituição brasileira demonstram isso, em especial no que concerne ao debate acerca da cidadania.

O propósito nesta pesquisa se limita à discussão sobre a concepção de cidadão-cidadania expressa por alguns deputados constituintes durante o período em que foi organizado o estado mais especificamente durante a existência da primeira Assembleia Constituinte do Império.[6] Tomo, como foco privilegiado de interpretação, alguns dos dis-

---

[5] Diário da Assembleia Constituinte do Império do Brasil 1823. Introdução de Pedro Calmon. Senado Federal, vols. I, II, e III.
Obs: optou-se por citar o documento no original (português escrito no Brasil do início do século XIX).

[6] CATROGA, Fernando de A. Quimeras de um façanhoso Império: o patriotismo constitucional e a independência do Brasil. In: *Memoria escrita e cultura política no mundo luso-brasileiro*. Jaqueline Herman, Francisca L. Nougueira de Azevedo, Fernando Catroga (orgs.). Rio de Janeiro: FGV, CAPES, 2012, p. 328. "Sabe-se que, nos séculos XVII e XVIII, cada vez mais a soberania, isto é, o *Imperium*, deixou de ser patrimônio da majestade e passou para a posse de um sujeito moral autônomo chamado por uns de Estado, e, por outros, nação...".

cursos dos constituintes sobre cidadania. O foco específico da nossa análise se inclui, porém, em um elenco de outros temas importantes, pois os discursos transcritos no Diário da Assembleia Constituinte de 1823 contêm várias ideias--chave, dentre as quais ganham relevância as de *império, pátria, nação e cidadão-cidadania*. Tais palavras aparecem ao longo do texto, em que pese os diferentes debates estivessem focados no universo de questões que compunham o projeto de constituição. O problema-chave desta pesquisa diz respeito à cidadania, como referido, sendo que a aproximação que busco, entre linguagem e realidade, está estruturada no registro da apreensão de mundo, a qual explicita a compreensão do papel institucional e das percepções do mundo político e social descrito nas falas de alguns constituintes e, em especial, nos discursos de Silva Lisboa (Visconde de Cairu). Embora haja um número significativo de publicações sobre os escritos do visconde de Cairu, no que se refere aos discursos proferidos como deputado constituinte de 1823, as informações são, em nosso entender, insuficientes. Importa analisar os discursos de alguns deputados, objetivando apreender as posições políticas destes atores e o seu engajamento nas ideias liberais daquele período. O historiador espanhol Férnandez Sebástian[7] lembra que no período Revolução Francesa teve início uma grande revolução léxica e, sobretudo, semântica. Há ainda que referir O *Bill of Rights* da Virginia como também um bom exemplo para analisar as diferentes expressões léxicas utilizadas durante este período. O triunfo do constitucionalismo iniciado em 1776 com a matriz americana, seguida da Constituição francesa de 1791, espalha-se rapidamente pela América, chegando ao Brasil ainda nos finais do século XVIII. E esta onda continuou a propagar-se, com a revolução que levou à Constituição de Cádis (1812) – movimento que teve fortes repercussões na América Central e do Sul – e, depois, com a revolução

---

[7] SEBASTIÁN, Javier Fernandes. "Estado, Nacion y Patria en el Linguaja Politico Español. Datos Lexicométricos y Notas para uma Historia Conceptual". *Proyecto de investigación BFF 2002-01194*, del ministério de Ciencia y Tecnologia.

vintista em Portugal, iniciada, recorde-se, com o propósito de constitucionalizar o Reino Unido de Portugal, Brasil e Algarves, agora à luz do princípio, já consignado na Declaração dos Direitos do Homem (1789), nas Constituições francesa de 1791 e espanhola de 1812, segundo o qual "a soberania reside essencialmente em a nação".

No que se refere aos discursos dos deputados que participaram da primeira Assembleia Constituinte do Brasil no período pós-independência, impõe-se sublinhar que estes utilizaram a mesma linguagem usada pela elite letrada, adepta do liberalismo, da Europa e dos Estados Unidos da América. A nova linguagem unificou o pensamento político ocidental em torno das ideias ligadas ao liberalismo,[8] aos direitos políticos e civis, à democracia, expressas pelos movimentos constitucionalistas, ocorridos desde o século XVIII na Europa, e emancipatórios, na América no século XIX. Esses movimentos, com suas especificidades locais, se constituíram na estrutura universalista do pensamento liberal com sua matriz iluminista. Não por acaso Tocqueville,[9] (...) adepto da democracia, ficou profundamente impressionado pelo infeliz desenvolvimento da democracia na França, foi à América do Norte, em 1831, para estudar comparativamente as condições que permitiram aos Estados Unidos democráticos conhecerem a paz. Tocqueville[10] foi quem, em nosso entender, melhor percebeu o movi-

---

[8] LOCKE, John. Segundo Tratado sobre Governo. In: *Coleção os Pensadores*. São Paulo: Abril Cultural, 1973, p. 88-101. "As bases do liberalismo, do início do século XIX, foram discutidas pelos constituintes de 1823 e, estavam alicerçadas no pensamento de Locke. Locke estabeleceu a distinção entre a sociedade política e a sociedade civil, entre o público e o privado, que devem ser regidos por leis diferentes. Assim, o poder político não deve, em tese, ser determinado pelas condições de nascimento, bem como o estado não deve intervir, mas sim garantir e tutelar o livre exercício da propriedade, da palavra e da iniciativa econômica. Locke utiliza o conceito de propriedade no sentido amplo: tudo o que pertence a cada indivíduo: sua vida, sua liberdade, e seus bens. A primeira coisa que o homem possui é seu corpo, todo homem é proprietário de si mesmo e de suas capacidades. O trabalho do seu corpo é propriamente dele; o que dá inicio ao direito de propriedade em sentido estrito".

[9] TOCQUEVILLE, Aléxis de. *A democracia na América*. Belo Horizonte: Itatiaia; São Paulo: Editora da Universidade de São Paulo, 1987.

[10] TOCQUEVILLE, Aléxis. Op. cit., p. 37-139.

mento de todos os segmentos sociais livres no processo de desenvolvimento da igualdade de condições quando refere: "(...) Este fenômeno não é exclusivamente francês. A qualquer parte em que dirijamos nossa observação veremos a mesma revolução que avança em todo o universo cristão". É evidente que Tocqueville estava em busca de uma democracia perfeita. No entanto, o modelo americano deixava clara a diferença entre a Revolução Francesa e o processo de independência dos Estados Unidos.

Uma das promessas normativas das primeiras democracias modernas foi a de que os cidadãos teriam respeitados os seus direitos, o que pressupõe a presença de uma comunidade politicamente organizada e normatizada institucionalmente pelo estado. A ideia de cidadania está ligada ao pertencimento a uma entidade política territorial, concepção que remonta à cidade-estado grega, onde, após o século VI a. C., os cidadãos tinham o direito e o dever de participar da vida política. A visão de cidadania no século III estruturava-se na ideia de que todos os homens livres de um império eram incluídos na categoria de cidadãos. Na Grécia clássica, o termo *cidadão* designava os direitos relativos aos homens gregos, exceto escravos e estrangeiros, que viviam nas cidades. Os exemplos servem para pensar sobre como a referência grega em certa medida permitiu elevar os valores de um sistema social, o qual influenciou a democracia de forma a se perpetuar enquanto referência primeira, como um primeiro modelo. O direito romano, que se estendeu por aproximadamente treze séculos, compreendidos desde a fundação de Roma até a compilação justinianeia, somente estendeu a cidadania a todos os homens habitantes nos limites (*limes*) do Império com a *Constitutio Antoniniana de Civitatis*, Edito de Caracala (212), constituindo a ideia de que todos os homens livres de um império eram incluídos na categoria de cidadão.[11]

---

[11] BRANDÃO, Cláudio; SALDANHA, Nelson; FREITAS, Ricardo. (orgs.). O Direito no Pensamento Romano. In: *História do Direito e do Pensamento Jurídico em Perspectiva*. São Paulo: Atlas, 2012, p. 127-128.

Constituição e Cidadania

Já podemos encontrar nos léxicos da língua portuguesa que circularam desde o início do século dezenove, a distinção entre os termos *cidadão* (em português arcaico, cidadão) e *fidalgo*: o segundo designa o indivíduo detentor dos privilégios da cidade na sociedade de corte. O fidalgo era o detentor dos deveres e obrigações na sociedade portuguesa; cidadão era a maneira genérica de designar a origem. O conceito de cidadão se vincula à ideia de indivíduo politicamente situado face ao estado. Trata-se do indivíduo no gozo dos direitos civis e políticos de um estado ou no desempenho de seus deveres para com este. Tanto que qualquer ação movida juridicamente solicita como prova de cidadania o título eleitoral, o qual revela a ideia de pertencimento. Na modernidade, após a Revolução americana e a francesa, a ideia de súdito passou a ser substituída pela ideia de cidadania. A história do sujeito individual reúne dois significados distintos: por um lado, o sujeito é indivisível; por outro, é singular, distintivo e único. Muitos movimentos importantes no ocidente moderno contribuíram para a emergência do individualismo: a Reforma Religiosa e o surgimento do Protestantismo, que libertaram a consciência individual das instituições religiosas; o Humanismo Renascentista, que colocou o homem no centro do universo; as revoluções científicas, que levaram ao Iluminismo centrado na imagem do homem racional.

A emergência de noções de individualidade, no sentido moderno, pode ser relacionada ao colapso da ordem social medieval, que possibilitou a compreensão do indivíduo como entidade maior, a partir da qual outras categorias coletivas seriam derivadas. A invenção do sujeito moderno com base na igualdade, assim como os direitos individuais e as garantias constitucionais, passaram a ser incluídos no conceito de cidadania, o qual foi vinculado ao de nacionalidade. Para tanto, dois critérios foram conjugados na determinação da cidadania: o do *jus soli*, ao natural do território, *e do jus sanguinis*, atribuindo aos descendentes nacionais. Esses dois critérios estão vinculados tanto à ideia de cidadania como à ideia de nacionalidade.[12] A estrutura universalista do pensamento liberal, na sua matriz iluminista, não dispensou o *jus soli* e o *jus sanguinis*, para definir a cidadania. Todavia, esses dois princípios se tornaram insuficientes para definir cidadania em muitos casos, como veremos ao longo da análise. Pode-se dizer que a ordem jurídica internacional, na medida em que debateu nos parlamentos criados no século XIX a sua posição sobre a questão da cidadania reforçou o postulado do indivíduo como sujeito de direitos,[13] os direitos que os alforriados teriam seriam os direitos civis. A invenção do sujeito moderno personifica a liberdade, objeto da abdicação coletiva promovida pelo pacto social. A renúncia comum à liberdade natural constitui o próprio movimento coletivo que o realiza, pelo que a ideia de cidadania tende a libertar-se do peso exclusivo do *jus solis* e do *jus sanguinis*, para enfatizar, também, a ideia de pertencimento, por adesão e participação, à nação cívica, porque pautada pela lei e pelo direito. E este ideal ganhou muita força nos valores propugnados pela revoluções políticas do século XVIII e

---

[12] GAUER, Ruth M. Chittó. *A construção do Estado-nação no Brasil. Contribuição dos egressos de Coimbra*. 2. ed. Curitiba: Juruá, 2007, p. 299.

[13] Há um número significativo de autores que tratam sobre o conceito de indivíduo, entre eles citamos os que embasam nossa compreensão acerca do tema. *Individua*, do latim, o que não se divide. Modernamente *átomo* indivisível. Para Simmel, individualidade é a afirmação singular de atributos idiossincráticos e, consequentemente, só pode ser pensada por sua marca diferencial. [SOUZA, Jessé; OËLZE, Berthold (orgs.). *Simmel e a Modernidade*. Brasília: Editora da UNB, 1998]. Para Dumont, foi com o calvinismo que o indivíduo entrou definitivamente no mundo, e o valor individualista passou a reinar sem restrições nem limitações. Em uma concepção teocêntrica, o indivíduo foi concebido vivendo fora-do-mundo, na modernidade, a concepção antropocêntrica vê o indivíduo-no-mundo. Dumont afirma que quando falamos de "indivíduo, designamos duas coisas ao mesmo tempo: um objeto fora de nós e um valor. A comparação obriga-nos a distinguir analiticamente esses dois aspectos: de um lado, o sujeito *empírico* que fala, pensa e quer, ou seja, a amostra individual da espécie humana, tal qual a encontramos em todas as sociedades; do outro, o *ser moral* independente, autônomo e, por conseguinte, essencialmente não social, portador dos nossos valores supremos, e que se encontra em primeiro lugar em nossa ideologia (cultura) moderna do homem e da sociedade". (DUMONT, Louis. *O individualismo. Uma perspectiva antropológica da ideologia moderna*. Rio de Janeiro: Rocco, 1985).

Constituição e Cidadania

início do século XIX, incluindo nos movimentos independentistas da atual América Latina.[14]

Porém, tema da escravidão explicitou a impossibilidade teórica e filosófica de acomodar o estatuto do escravo às categorias do pensamento da época. Os princípios da simetria, da universalidade, da liberdade da autonomia racional, e da igualdade que se deu no campo conceitual, não puderam ser aplicados. A natureza eurocêntrica aliada aos vestígios do poder absolutista exigia, para que alguém ascendesse ao exercício pleno dos direitos, a necessidade de ir além do que era considerado inato, pois as leis do progresso histórico incluíam a visão de que povos "iguais" que comungavam valores e cultura material semelhante poderiam ser considerados livres, no sentido dado pela filosofia racionalista do período iluminista. Em que pese os reis terem aumentado seu poder sobre os súditos, isso não impediu que o universalismo das *luzes* e as questões liberais formassem a pauta dos debates parlamentares do século XIX. Como bem notou Koselleck,[15] "a arte de governar os uniu entre si mediante uma nova convivência mais precisa sua honra e consciência foram à falência". Isto se deve ao fato de que a relação indireta com a política foi determinante para o homem burguês, que passou a ter voz nas diferentes instâncias de poder que configuravam a nova ordem ocidental.

O direito natural racionalista foi estruturado tardiamente em relação à modernidade científica criada no século XVII. Pelo menos na Europa Continental – o caso inglês foi um pouco diferente –, o estado moderno concebido no século XVIII foi pensado como uma organização destinada a atender fins políticos, econômicos e sociais, por meio de monarquias absolutistas. Até o final do século XVIII

---

[14] Para uma análise comparativa destes processos, veja-se Raymonde Monnier (direct.). *Révoltes et révolutions en Europe (Russie compris) et aux Amériques de 1773 à 1802*. Paris: Ellipses, 2004.

[15] KOSELLECK, Reinhart. *Críitica e Crise*. Rio de Janeiro: EDUERJ: Contraponto, 1999, p. 47.

e início do XIX, foi organizado na geografia em pauta, o ordenamento político no seguimento de uma longa e não linear gestação que vinha do século XIII. Podemos pensar, a partir da manutenção deste itinerário, que o conceito de estado durante o início do século XIX passou a referenciar uma organização, com pretensões universalizantes, como um conjunto complexo de dispositivos institucionais criados para fazer funcionar os governos por meio de atividades contínuas, regulamentadas por indivíduos ocupantes de cargos públicos despatrimonializados e exercendo funções legitimadas pela autossuficiência de uma soberania nacional que, sendo alienável e não sendo patrimônio de ninguém, tinha no estado a instância que a materializava como poder exercido sobre um território demarcado e uma dada população.

Se a centralidade institucional do estado-nação foi a referência maior, no plano jurídico-político da modernidade, a construção da cidadania com base no sujeito de direitos foi o elemento estrutural para a sua concretização. Esse fato pode ser demonstrado por meio da constatação que os grandes debates realizados nos parlamentos criados a partir do final do século XVIII, na Europa e nos Estados Unidos e, no século XIX, nos países que iniciaram o processo de independência.

Pode-se constatar o mesmo debate acerca da cidadania nos parlamentos criados após o processo de independência das colônias espanholas da mesma forma do ocorrido no Brasil. A genealogia da cidadania moderna focou a condição de pertencimento a uma comunidade nacional. As grandes proclamações de direitos operaram em escala nacional e seguiram a lógica das reivindicações que visavam a salvaguardar, dentro de uma lógica liberal, a autonomia privada face às potencialidades intrusivas e discriminatórias dos estados, sempre vistas como potenciadoras do ressurgimento de novas formas de despotismo e de servilismo. Tendo como fonte as delações dos direitos do homem (de primeira geração), os textos das constituições liberais do início de século XIX revelam a conquista dos direitos civis e políticos por meio da luta pela cidadania no quadro jurídico nacional. Esse quadro retrata os movimentos que apoiaram as concepções propostas pelo chamado primeiro liberalismo,[16] no ocidente. Tanto que, como já referido, o debate em torno da questão do cidadão e da cidadania foi o dado unificador das grandes lutas políticas parlamentares. Se, por um lado, as declarações dos direitos (fosse as que saíram nos futuros EUA, fosse as de origem francesa)[17] permitiram a ação dos constituintes, por outro, afirmavam o triunfo dos direitos humanos diretamente associados ao constitucionalismo e ao individualismo. Em ambos os modelos, o princípio de legislação se sustentava a partir de supostas leis universais.

---

[16] Em Locke, o pensamento liberal parte do pressuposto do contrato social e legitima todo poder para garantir a propriedade e a segurança dos cidadãos. Opõe-se ao mercantilismo, defende o *laissez faire*, a liberdade individual alicerça as relações possíveis entre as pessoas. (LOCKE, John. Segundo Tratado sobre Governo. In: *Coleção os Pensadores*. São Paulo: Abril Cultural, 1973). Em Rousseau, o pacto social gera *um eu comum*, e exige a configuração do sujeito universal. (ROUSSEAU, Jean-Jacques. Do contrato social. In: *Os Pensadores*. São Paulo: Abril Cultural, 1973).

[17] Cf. GAUCHET, Marcel. *La Révolution des droits de l'homme*. Paris: Gallimard, 1989.

3. Caminhos para pensar a cidadania

Os constituintes de 1821, em Portugal, se defrontaram com a mesma problemática acerca da cidadania, o que originou vários embates sobre o estatuto do alforriado, do indígena e do escravo. No entanto, os debates sobre cidadania realizados pelos parlamentares responsáveis pela Constituição portuguesa do início do século XIX viram a preservação dos direitos naturais do período anterior mantidos, mas coexistindo com outros princípios que colidiam com ela. Essa opinião[18] apresentada leva ao entendimento das tensões entre os direitos, porque a propriedade (adquirida) do escravo pelo senhor colidia com a liberdade original, assim como com a propriedade original (de si mesmo; do seu corpo) – do escravo. Cristina Nogueira da Silva, ao estudar o tema,[19] expôs sua visão nestes termos: "ao contrário do que é ainda comum ler-se, não só é simplificador afirmar que a Monarquia constitucional portuguesa concedeu cidadania aos povos nativos de África e Ásia como, além disso, mesmo assumindo que alguns indivíduos nativos eram cidadãos, a fronteira foi ao longo do período (...) considerada indefinida". É que "nas cortes vintistas, cortes vintistas, a mobilização de um conceito abstrato de cidadania deixou na sombra a pertença das populações miscigenadas da América portuguesa",

---

[18] SILVA, Cristina Nogueira da. *Constitucionalismo e Império. A cidadania no ultramar português.* Coimbra: Almedina, 2009, p. 259.

[19] SILVA, Cristina Nogueira da. Op. cit., p. 236 e segs.

ao mesmo tempo em que as soluções constitucionais para o problema do pluralismo religioso das sociedades ultramarinas mantiveram "na indefinição a nacionalidade das populações nativas não católicas do ultramar".

Por sua vez, as intervenções dos deputados brasileiros nas cortes vintistas revelam a incerteza com que a sociedade brasileira da época se defrontava. Para a autora que estamos a seguir, a exclusão destas populações foi, em primeiro lugar, uma consequência lógica da ideia cultural de nação. No entanto, o que se colocou para essas populações foi um problema civilizacional tal como referido pelo autor.[20] Como pensar uma população que não reconhecia o governo da lei e a liberdade civil como era o caso dos indígenas?

A questão dos escravos e dos libertos suscitou também problemas. Seriam os escravos portadores de civilidade? Qual o lugar nesta hierarquia que os mesmos ocupariam? O trabalho obrigatório teria o poder de civilizar o escravo, fazendo com que se pudesse colocar o escravo em outra hierarquia que o diferenciasse dos indígenas? Há, nessa hierarquização de povos, um poder manifesto no jogo político no qual o trabalho se constituía na missão civilizadora. No século XIX, segundo o autor,[21] "floresceram as mais diversas elucubrações utópicas de uma sociedade finalmente libertada; e estava bastante enraizada a convicção de que o destino da humanidade fosse a liberdade. Depois, aconteceu o que aconteceu: (...) na entrada dos campos de escravidão e de extermínio, foram escritas, com diabólica contrafação, as seguintes palavras: *O trabalho liberta*". No entanto, é preciso ainda lembrar que as questões do trabalho e da propriedade configuraram o

---

[20] CATROGA, Fernando de Almeida. *Caminhos do Fim da História*. Coimbra: Quarteto Editora, 2003, p. 94. "Sobretudo após a Revolução Francesa, a palavra civilização, que designa um processo, tornou-se quase síntona com a aceitação da ideia moderna de progresso, confirmando-se, assim, algo que sua emergência já potenciava, a saber: a sua transformação num substituto laicizado da religião e numa espécie de "parusia da razão".

[21] BOBBIO, Norberto. *Igualdade e Liberdade*. Rio de Janeiro: Ediouro, 1996, p. 95.

discurso de defesa da cidadania dos escravos e dos libertos, nos debates ocorridos em 1823 na Assembleia Constituinte brasileira aos moldes de outras assembleias desde os finais do século XVIII. Isso significa que a ideia de que o trabalho se constitui em uma forma de inclusão civilizadora para a condição cidadã não nasceu no século XX, ela já havia se explicitado anteriormente.

Importante frisar que a questão da cidadania dava visibilidade, naquele período, à grande problemática com que os estados centralizados constitucionalistas iriam se defrontar: a indefinição acerca da posição hierárquica das populações nativas, alforriados: crioulos e africanos, escravos e mestiços. No que se refere à questão dos índios do Brasil, D. Pedro, na tentativa de superar tal indefinição e na defesa dos índios, escreve um documento que envia para as Cortes portuguesas[22] e no qual se pode ler a sua opinião sobre a população autóctone. Para ele, "o indígena bravio e o colono europeu trilhavam, lado a lado, a mesma estrada de miséria e escravidão imposta pela tirania portuguesa". De acordo com o *Jus solis*, estas populações ocupavam uma posição jurídica semelhante a todos os demais habitantes do território brasileiro. Foi essa a premissa que conduziu à afirmação de que o direito constitucional português, no início do século XIX, concedeu a cidadania a todas as populações nativas dos territórios coloniais. Em que pese a constatação da dificuldade de identificar e localizar, no ultramar, as populações que detinham um "mínimo" de valores culturais, civilizacionais, tidos como fundamento, antropológico e jurídico, de pertença à nação. No início do século XIX, período em que a nação foi imaginada como a comunidade política, de um estado, as ideias de cidadania que emergiram das Revoluções americana e francesa foram a de cidadão e cidadania em substituição das de "súdito". Os traços definidores de tal

---

[22] SILVA, Cristina Nogueira da. *Constitucionalismo e Império. A cidadania no ultramar português*. Op. cit., p. 241.

conceito, segundo José Maria Sobral,[23] são "o igualitarismo antifeudal, estatuto garantido constitucionalmente, direitos individuais e nacionalismo". O autor enfatiza ser este último aspecto importante, pois a emergência das ideias modernas de cidadania corresponde ao desenvolvimento do estado moderno centralizado e à consolidação do estado-nação. O século da revolução e do constitucionalismo no mundo ocidental foi também a era de uma delimitação crescente das cidadanias nacionais. A história dos debates das diversas concepções de cidadania refletida nos arranjos propostos pelos constituintes brasileiros em 1823 foca essa mesma complexidade explicitada na léxica e, sobretudo, na semântica utilizada durante os processos revolucionários iniciados no século XVIII e emancipatórios do século XIX. A cidadania das populações do ultramar no direito constitucional português, do início do século XIX, vinculou-se ao chamado "senso comum" do estado-nação moderno, implicava ter nascido em território nacional, ser membro da comunidade nacional.

No período acima citado há a busca de uma homogeneidade do território nacional pluricontinental e da afirmação da isonomia. Segundo Silva:[24]

> "No entanto, quer nas discussões quer no final do texto final daquela Constituição, essa pretensão igualitária foi enfraquecida em vários planos. (...) Alguma igualdade substancial obrigou à introdução de regras particulares, colidindo com a igualdade formal. Por outro lado, levar às últimas consequências a igualdade formal teria conduzido ao máximo da desigualdade. Por esses motivos os deputados vintistas, tal como os deputados constituintes de Cádis, em 1812,

---

[23] SOBRAL, José Manuel. Cidadania, nacionalidade, imigração: um Breve Historial das suas Inter-relações contemporâneas com referência ao caso Português. In: *Cidadania no Pensamento Político Contemporâneo*. Estoril: Princípia Editora, 2007, p. 138.

[24] SILVA, Cristina Nogueira da. *Constitucionalismo e Império. A cidadania no ultramar português*. Op. cit., p. 146.

não conseguiram colocar sob o marco normativo comum os vários hemisférios da Nação única".

Se no século XVIII a nação era, em abstrato, uma comunidade integrada por indivíduos iguais perante a lei, um conceito alheio ao pertencimento étnico ou cultural dos indivíduos, aos moldes das associações livres e voluntárias, características do primeiro liberalismo.[25] No século XIX, quando o organicismo romântico, em um sentido histórico-cultural concreto, no qual a nação surgia como uma coletividade unida por um passado comum, pela comunhão da mesma língua, dos mesmos costumes, da mesma religião, essa comunidade seria independente de qualquer contrato ou adesão voluntários. Incorporou-se a esse conceito uma acepção contratualista a partir dos princípios do contrato social, ou da renovação reatualizada da velha ideia de *pactum subjectionis* –, passo que exigia a separação entre os que queriam e os que não queriam aderir às regras contratadas, ou ainda, os que não poderiam reivindicar o pertencimento dos contratantes. Se, por um lado, um dos critérios adotados para distinguir os nacionais dos estrangeiros foi o do território, *ius solis*, a questão da filiação, *ius sanguinis*, acompanhou os debates dos constituintes do início do século XIX. No entanto, os dois critérios históricos que balizavam o direito à cidadania foram insuficientes para designar a cidadania frente à complexidade de uma sociedade que convivia com indígenas, libertos estrangeiros e nacionais, crioulos e escravos. A hierarquia social impedia a simples inclusão ou exclusão de indivíduos. Entre a racionalidade e o pacto social nasceram novas formas de resoluções, formas essas explicitadas nos discursos dos Constituintes de 1823, como veremos. Na opinião de Carvalho,[26] "a escolha de uma solução monárquica em vez de

---

[25] Emprego o termo para indicar o conjunto de valores e instituições inspirados nas ideias jurídicas e políticas modernas: liberdade, individualidade, igualdade, constituição e economia de mercado tal como pensado nas últimas décadas do século XVIII.

[26] CARVALHO, José Murilo de. *Cidadania no Brasil. O longo caminho.* 5. ed. Rio de janeiro: Civilização Brasileira, 2004, p. 27.

Constituição e Cidadania

republicana deveu-se à convicção da elite de que só a figura de um rei poderia manter a ordem social". A questão do Império parece estar ligada à complexidade da sociedade da época vinculada ainda a opções políticas de tradição diferente do modelo republicano. Para além dessas questões, é importante pensar sobre a ideia de liderança vinculada à forte centralização administrada pela unidade. Nesta ótica, as transmissões dos cargos não se faziam por hereditariedade, o que permitiu a ampliação dos títulos de nobreza, a que se passou a atribuir um sentido de honraria, de mérito pessoal. Para garantir tal estrutura, a igualdade formal se fazia indispensável.

4. Os constituintes de 1823 e o debate sobre a cidadania

Em 1822, quando da primeira reunião do conselho de procuradores das províncias, deu-se a convocação da assembleia geral constituinte. Este ato foi uma articulação de José Clemente Pereira juntamente com o manifesto de Gonçalves Ledo pedindo que se considerassem inimigas as tropas portuguesas. José Bonifácio redigiu a proclamação para que outras nações mantivessem relações diretas com o Brasil e enviou, com autorização do Regente, representantes brasileiros para os Estados Unidos da América, Inglaterra e França, estabelecendo assim as relações internacionais do Brasil. Em 17 de abril de 1823, ocorreu a sessão preparatória da assembleia constituinte; em 3 de maio do mesmo ano, a abertura ordinária.[27] Tais ações davam visibilidade à questão do início do processo de independência do Brasil.

Se, em 1822, a opção escravocrata dos constituintes foi situada no contexto mais amplo do liberalismo da primeira metade do século XIX, como explica Cristina Nogueira da Silva,[28] "onde a doutrina dos direitos naturais, teorizada no período anterior, foi preservada, por outro lado também se pode afirmar que a doutrina acabou co-

---

[27] Falas do *Trono*. Prefácio de Pedro Calmon. São Paulo: Melhoramentos, 1977.

[28] SILVA, Cristina Nogueira da. *Constitucionalismo e Império. A cidadania no ultramar português*. Op. cit., p. 259

Constituição e Cidadania

existindo com outros princípios que colidiam com ela". Além da natureza legiscêntrica da cultura jurídica oitocentista, apontada pela autora, que enfraquecia a hipótese de os escravos obterem a liberdade por meio da aplicação direta das constituições e dos direitos nelas declarados, existiam, no pensamento liberal, de matriz jusnaturalista, categorias que permitiam enquadrar a escravidão, ainda que em permanente tensão.[29] Essas categorias explicam: as tensões geradas, os silêncios, além das omissões por meio dos quais se exprimiu.

No Brasil, durante o ano de 1823, o discurso dos deputados constituintes sobre a diversidade da população que compunha o estado e a necessidade de acomodar a grande diversidade levou a longos debates, ocorridos nas sessões que se iniciaram em meados de agosto do mesmo ano, acerca da definição dos critérios que iriam decidir quais indivíduos que poderiam ser considerados cidadãos brasileiros. Debatiam os deputados a concessão de cidadania aos índios, aos alforriados, além da enorme gama de mestiços, a portugueses residentes no Brasil, e a outras categorias sociais, temas que, articulados com os da escravidão, da liberdade, da igualdade, da propriedade e da civilidade pautaram, num clima tenso, a agenda dos parlamentares de 1823.

A rápida história da Assembleia Constituinte brasileira iniciou com a votação de uma comissão indicada pelos constituintes eleitos, com a função de elaborar e apresentar para a apreciação e discussão da assembleia um projeto constitucional. Na sessão de 16 de agosto de 1823, Antônio Carlos Ribeiro de Andrada, presidente da comissão, comunicou à primeira Assembleia Constituinte do Brasil o término do projeto constitucional elaborado pelos membros eleitos para esse fim. O projeto continha 272 artigos que

---

[29] Diga-se, porém, em termos de experiências históricas concretas, os debates teóricos não deixavam de ter presente a decisão de acabar com a escravatura nas colônias francesas, tomada no decurso da Revolução Francesa (Convenção) em 4 de fevereiro de 1794, num contexto de revoltas de escravos que tinham o seu epicentro no Haiti.

foram apresentados individualmente, e os debates sobre o documento estenderam-se até 12 de novembro de 1823, dia em que a assembleia foi fechada por uma ação autoritária do Imperador D. Pedro I. Em que pese o fechamento da Assembleia, é preciso lembrar que o projeto apresentado por Antônio Carlos Ribeiro de Andrada já estava sendo debatido pelos constituintes. Relembre-se, ainda, que a Constituição outorgada em 1824 foi estruturada a partir do projeto que Antônio Carlos tinha submetido à aprovação dos constituintes.

Durante os meses de existência da assembleia constituinte, os deputados constituintes debateram e votaram artigos que, mais tarde, embora no contexto de um constitucionalismo majestaticamente outorgado – e que tinha como precedentes imediatos as outorgas de constituições feitas por Napoleão, bem como o da constituição outorgada à França por Luiz XVIII, em 1816 – fariam parte da primeira Constituição brasileira. Podemos ler nos três volumes que juntos somam 1155 páginas as quais compõem o diário da assembleia, os grandes debates que envolveram a aprovação de artigos que diziam respeito diretamente à estruturação do estado baseados em conceitos hauridos no conhecimento jurídico moderno. A dinâmica dos discursos possibilita apreender qual o entendimento que esses constituintes tinham de conceitos fundamentais para delucidar o nosso tema, como sejam os de *nação, cidadania, direitos individuais, liberdade, igualdade, diferença,* entre outros, e que dizem respeito à formação e à configuração institucional de um estado moderno. Interessanos particularmente aqui algumas dessas intervenções, na perspectiva de explicitar as premissas em que se assentou a fundamentação da escolha das categorias sociais que gozariam do direito de cidadania plena.

A história do pensamento político-jurídico passava por intensas reformulações perceptíveis no processo de disputas políticas intensas próprias do período de construção do estado. Estado esse que aspirava tornar-se uma nação unificada, esta aspiração aparece nos discursos dos constituintes, assim como no discurso proferido pelo Imperador D. Pedro I, por ocasião da abertura dos trabalhos da assembleia constituinte. Trata-se aqui de dar ênfase à história do discurso político-jurídico em face da variedade de linguagens em que o debate se desdobrava. A reação dos participantes expõe a diversidade de ideias e de contextos que circunscrevem a história das instituições nacionais. Todas as tendências do debate revelam divergências e convergências dos atores que respondem uns aos outros sobre um contexto comum embora diverso. Rastrear alguns dos discursos proferidos pelos deputados quando se discutiam as questões que envolviam o reconhecimento da cidadania a alguns brasileiros implica estabelecer a busca pela lógica que conduziu os debates a qual expõe as características do pensamento da época. A consulta aos *Diários da Assembleia Constituinte* permite constatar que a história do pensamento político-jurídico, pelo menos dos deputados com formação superior, organizava-se em grande medida em torno da léxica e da semântica jurídica moderna. Os debates a favor e contra o artigo 5º e § 1º do projeto de constituição foram debatidos por muitos deputados que explicitaram suas posições acerca do tema. Por outro lado, houve silêncio e omissões por parte da grande maioria. A categoria cidadão foi debatida pelos constituintes com três enfoques diferentes: humano, indivíduo e cidadão. Não havia clareza sobre a diferença entre estas categorias assim como sobre os direitos que os cidadãos seriam beneficiados.

Os debates sobre o artigo que deveria reconhecer quais categorias seriam consideradas cidadãos brasileiros tiveram início no dia 23 de setembro com vários pronunciamentos sobre o artigo 5º e § 1º, apresentado pela comissão que elaborou o projeto e cujo conteúdo era este: "São Brasileiros: 1º todos os homens livres, habitantes no Brasil e nelle nascidos".

O que estava sendo defendido por vários deputados, e o que era aceito por muitos deles, tinha como ponto de partida a lógica que estava tatuada na consciência de vários parlamentares: a inferioridade da população negra em relação à população branca. O ponto de partida da argumentação e que era presumidamente admitido por vários deputados pode ser verificado pela forma como os mesmos tentam persuadir os demais. Um dos exemplos ilustrativos pode ser lido na argumentação de Ferreira França, quando defendeu esta alteração do artigo 5º e § 1º com este argumento: "o termo cidadão he característica que torna o individuo acondicionado a certos Direitos Políticos que não podem ser communs a outros quaisquer indivíduos, posto que brasileiros sejão". Afirmou ainda o deputado: "Por exemplo, os crioulos, ou filhos dos escravos que nascem no nosso continente são sem duvida brasileiros, porque o Brasil he seu país natal; mas são elles por ventura ou podem considerar-se como membros da sociedade brasileira, isto he, acondicionados dos Direitos Políticos do Cidadão Brasileiro? Não certamente".[30]

A noção de individualismo que se desenvolveu entre os liberais ingleses era diferente da visão que se desenvolveu mais tarde entre os jovens hegelianos. Na visão de Bentham,[31] que desejava esclarecer todos os pontos que serviam de obstáculos a uma sociedade progressista, somente o indivíduo era real, sendo o estado um corpo fictício. O próprio Mill via a soberania do indivíduo onde todo o progresso dependeria dos indivíduos que procurassem novas verdades.

Na visão de Ferreira França, os cidadãos eram regidos por princípios diferentes: os direitos políticos não poderiam ser concedidos aos escravos alforriados, uma vez que o território de nascimento – critério de determinação

---

[30] Diário da Assembleia Constituinte do Império do Brasil 1823. Introdução de Pedro Calmon. Senado Federal, vol. II, p. 105.

[31] BAUMER, Franklin L. *O Pensamento Europeu Moderno*, v. II, Vila Nova de Gaia, Edições 70, 1990, p. 84, 85.

Constituição e Cidadania

da cidadania pautado no *jus solis*, princípio natural do território – não constituía uma base suficiente para garantir o direito de cidadania. Ora, será importante observar que o discurso do parlamentar não estava distante do proposto na "Declaração dos Direitos do Homem e do Cidadão" adotada pela Assembleia Constituinte da França em 1789. Neste documento – que será o primeiro a ser integrado em uma constituição escrita –, se, por um lado, se assiste ao triunfo do indivíduo, por outro lado, verifica-se a presença da tensão inerente ao pensamento liberal e que se traduzia na simultânea aceitação do princípio segundo o qual nem todos os homens podiam ser considerados cidadãos. Assim sendo, no caso da igualdade francesa moderna – aliás, ainda que em outro registro, na que esteve subjacente à fundação dos Estados Unidos da América – declaravam-se valores universais no que respeita a humanidade, mas, quanto ao reconhecimento dos direitos políticos e civis, as diferenças permaneceram. Daí que concordamos com Dumont,[32] quando afirma ter a Declaração francesa uma contradição existente no artigo 2° em relação ao artigo 1°, que diz: "Os homens nascem iguais e permanecem livres e iguais em direitos. As distinções sociais somente podem fundar-se na utilidade comum". No artigo 2°, lemos: "A finalidade de toda a associação política é a conservação dos direitos naturais e imprescritíveis do homem. Esses direitos são a liberdade, a propriedade, a segurança e a resistência à opressão". A contradição, segundo Dumont, se refere à estipulação central do *Contrato Social* de Rousseau, que citamos: "a alienação total de cada associado com todos os seus direitos a toda a comunidade".

A declaração foi concebida como a base de uma constituição escrita, julgada e sentida como necessária do ponto de vista da racionalidade. Logo, se a humanidade era postulada como existente, a contradição decorria do fato de cidadania ser somente um direito de alguns. Tratava-se

---

[32] DUMONT, Louis. *O individualismo. Uma perspectiva antropológica da ideologia moderna*. Rio de Janeiro: Rocco, 1985, p. 109 e segs.

de fundar a base do consenso dos cidadãos de um novo estado e de colocá-lo fora do alcance da autoridade política. Se o estado de direito tem por finalidade a garantia da liberdade de cada um, desde que seja compatível com a liberdade de todos os outros, a liberdade política era reconhecida apenas aos que gozavam de independência econômica. Pensando bem, a par da descriminação baseada no gênero, a dicotomia entre cidadania ativa e cidadania passiva ou mesmo não cidadania, bem como a inovação do critério proprietista como condição necessária para interiorização da nacionalidade que tinha de presidir à busca do bem comum, era mais tributária de Locke do que de Rousseau. O autor[33] lembra uma questão importante acerca da condição econômica durante o período quando pergunta, "como compatibilizar o apregoado ao liberalismo que é liberal na economia, mas não na política e no jurídico?".

Relembre-se que a ligação entre propriedade – em primeiro lugar de raiz agrícola – e empenho na governação da "coisa pública" é premissa antiga no pensamento político ocidental. De fato, já na velha Grécia se tinha defendido que, entre os que gozavam de cidadania, os agricultores teriam um mais acentuado apego à pátria do que os comerciantes e os artesãos, virtude que se exprimia numa maior abnegação e disponibilidade para a defesa da *pólis*. E o enaltecimento dessa qualidade passou para a cultura *res publicana* de Roma, como bem o prova o consabido conselho dado por Catão: *Ex agricolis et viri fortissimi et milites strenuissimi gignuntur.*[34] Séculos depois, muitos continuarão a pensar que a atividade agrícola seria a matriz do verdadeiro amor pátrio, sentimento que, por alargamento, também seria compartilhável por todos os que estivessem

---

[33] FERRAJOLI, Luigi. *El Garantismo y la Filosofía del Derecho.* Tradução de Fernando Hinestrosa e Hernando Parra Nieto. Bogotá: Universidad Externado de Colombia, 2000, p. 83.

[34] CATÃO. *De Re Rústica.* LONDINI, W.D. Hooper; H.B. Ash editi, 1934 (penelope.uchicago.edu/Thayer/L/Roman/Texts/Cato/De_Agicultura*.html, 24 de Agosto de 2012).

mais ligados à propriedade, pois este vínculo, ao exigir responsabilidade no bom uso da razão, tornaria a cidadania mais claravidente, tese que, depois, se adequará bem ao liberalismo moderado. De onde a recusa de cidadania aos não proprietários, ou àqueles que, apesar de homens, eram objeto de propriedade (os escravos), bem como as suspeições que recaíam sobre os efeitos perversos de atividades econômicas como a comercial, cuja natureza mais abstrata, nômada e global tendia depradar as sociabilidades tradicionais. Disseram-no, entre outros, Adam Smith e Benjamin Constant.

Na sequência deste pano de fundo, Fernando Catroga[35] – que estamos a seguir – registra que, na constituinte vintista de Lisboa, também se alertou para este fato: perante o estado de decadência da agricultura, a pátria estaria em perigo, pois aquela continuava a ser, como tinham voltado a sublinhar os fisiocratas, "a mãe de todas as artes", e, como se escrevia num relatório elaborado pela comissão de agricultura daquele areópago, sem o cultivo da terra "nenhuma nação existe; é ela propriamente quem prende o homem ao seu país, *quem lhe dá uma pátria, quem o constituiu cidadão*, quem lhe provém as necessidades da vida".[36] Destarte, o amor pátrio não seria somente fruto de uma conexão ontológica à terra, mas igualmente consequência de um *status* social capaz de garantir a autossuficiência para que um indivíduo se elevasse, não só à cidadania, mas à de *cidadão ativo*, ideia teorizada, entre outros, por Locke, Holbach (no artigo "Representantes", inserto na *Encyclopédie*), pela Constituição francesa de 1791 e, afinal, por todos os prosélitos dos sistemas censitários, no seio dos quais mesmo a última categoria estava dividida, por critérios de rendimento, entre *cidadãos eleitores* e *cidadãos elegíveis*.

---

[35] Sobre esta matéria, veja-se Fernando Catroga. *A Geografia dos Afectos Pátrios*. Coimbra: Almedina, 2012, p. 274-276.

[36] *Diario da Cortes Geraes e extraordinarias da Nação Portugueza*, n° 34, 14 de Março de 1821, p. 257. (Os itálicos são nossos).

Nas Cortes lisboetas de 1821-1822, esta sobrevalorização da categoria social de proprietário encontra-se bem explicitada no discurso de um constituinte que se ergueu no hemiciclo para exigir "que só se admitissem a votar as cabeças de casa, que tivessem alguma propriedade, de que pagassem décima, ou algum estabelecimento, que os ligassem à pátria".[37] Por análogo, diapasão afinava o célebre Trigoso Morato, ao declarar que "só do homem que tem meios de subsistir se pode esperar que seja amante da sua pátria".[38] Afinal, esta maneira de pensar caracteriza bem o ideal proprietista do pensamento liberal e era coerente com os conceitos de cidadania mais restritivos. Demais, para além das influências mencionadas, é de presumir que estas intervenções não ignorassem os debates que, sobre o assunto, foram travados em Cádis (1808-1812) sobre a questão e, em particular, estas palavras de um dos constituintes mais avançados, Agustín Argüelles: "La propriedad es lo que más arraiga al hombre a sua patria, y ora consista en bienes raíces o en bienes de outra natureza, es inegable que los vínculos que le unen al estado son mucho más fuertes".[39]

Como a tensão entre a afirmação de princípios jusnaturalistas e jusracionalistas e a sua negação ao nível político e jurídico[40] foi transversal às revoluções políticas dos finais de Setecentos e inícios do século XIX – incluindo os processos americanos de independência –, impõe-se investigar o modo como os constituintes brasileiros a defrontaram e a traduziram em proposta de realização concreta da cidadania.

---

[37] *Diario da Cortes Geraes e extraordinarias da Nação Portugueza*, nº 187, 28 de Setembro de 1821, p. 2447.

[38] Idem, nº 197, 11 de Outubro de 1821, p. 2602.

[39] SUANZES-CARPEGNA, Joaquín Varela. *La Teoría del Estado en los Origenes del Constitucionalismo Hispánico (Las Cortes de Cádiz)*. Madrid: Centro de Estúdios Constitucionales, 1983, p. 257.

[40] FERRAJOLI, Luigi. *El Garantismo y la Filosofía del Derecho*. Tradução de Fernando Hinestrosa e Hernando Parra Nieto. Bogotá: Universidad Externado de Colombia, 2000, p. 83.

Constituição e Cidadania

Diga-se que surgiram propostas de eliminação de um número significativo de alforriados, nascidos no Brasil ou estrangeiros. A liberdade política era reconhecida apenas aos que gozavam de outras prerrogativas a exemplo de outros países que à época se defrontaram com as exigências do mundo "objetivo" o qual criava tensões em relação à doutrina dos direitos naturais. De acordo com José Manuel Sobral,[41] salienta-se que a emergência das ideias modernas de cidadania correspondeu ao desenvolvimento do estado moderno centralizado e à consolidação do estado-nação. Provam-no, o exemplo, das discriminações consignadas na Constituição americana: mulheres, menores, indivíduos classificados como incapazes – como os escravos –, e os que não possuíssem um determinado nível de rendimento (propriedade), eram excluídos do estatuto de cidadania. Não se trata de uma exceção apenas americana: a Constituição francesa de 1791, embora garantisse os principais direitos de liberdade, "limitava o direito de voto aos que pagavam um determinado montante de impostos".[42] Por meio destes exemplos, podemos afirmar que, conquanto os princípios do liberalismo político pautasse o vocabulário dos constituintes que constitucionalizaram o novo estado-nação (franceses, americanos, espanhóis, portugueses, brasileiros assim, entre outros), não se pode esquecer que, na época, não só o liberalismo ainda não era sinônimo de democracia, como consentia leituras que iam das suas alas mais avançadas até aquelas que procuravam conciliar, numa perspectiva conservadora, o antigo com o moderno, pelo que, ao mesmo tempo em que afirmavam a autonomia do indivíduo-cidadão, não rompiam, por inteiro, com a herança das sociedades estamentais e com as situações de "servilismo" que estas tinham gerado. Ora, se esta posição tendeu a ser a domi-

---

[41] SOBRAL, José Manuel. Cidadania, nacionalidade, imigração: um breve histórial das suas inter-relações contemporâneas com referência ao caso português. In: *Cidadania no Pensamento Político Contemporâneo*. Estoril: Princípia Editora, 2007, p. 139.

[42] BOBBIO, Norberto. *Igualdade e Liberdade*. Rio de Janeiro: Ediouro, 1996, p. 64.

nante, também é verdade que, no caso brasileiro – com nos assinalados – alguns parlamentares defenderam a inclusão e o acesso mais amplo dos segmentos sociais excluídos ao direito à cidadania.

Não admira, tanto mais que, em 1823, o que estava em causa dizia respeito à constitucionalização de um novo estado independente, havendo em simultâneo a consciência de que teria de ser ele a construir a nação (*from state to nation*). Tratava-se, em síntese, de debater os artigos da futura Constituição brasileira, numa sociedade em a questão do direito à cidadania não podia escamotear o debate sobre o lugar dos que, de acordo com os critérios do liberalismo conservador, eram considerados como estando fora da cidadania, e onde o princípio da *capitis diminutio* a par da definição do cariz *ativo* ou *passivo* do usufruto daquela, não podia ignorar, quer a população índia, quer o estatuto dos escravos e da alforria. Logo, e como a Constituição era vista como a Lei Fundamental que iria materializar o pacto social fundante da nação política brasileira, os constituintes teriam que se pronunciar sobre quem reunia, ou não, as condições para ser reconhecido como um *sujeito* com capacidade para celebrá-lo ou, pelo menos, a ele aderir.

Regressemos à posição do deputado Ferreira França, cujas posições não eram estranhas às concepções da época. O convencimento acerca da diferença entre alforriados e demais indivíduos se estendeu por várias sessões, merecendo realce a intervenção de Araújo Lima, nomeadamente quando colocou a questão decisiva que, nesta matéria, a constituinte teria de responder:

"O que é cidadão brasileiro, quais as qualidades que constituem a qualquer individuo brasileiro, ou cidadão brasileiro? Para tratar destas qualidades, he necessário declarar primeiro se todos os Membros da sociedade Brasileira são Cidadãos Brasileiros, ou se qualidade he privativa de uma classe, chamando-se ao resto simplesmente Brasileiros".[43]

Àquele quesito respondeu Francisco Carneiro:

"que quanto a saber-se quais seriam os cidadãos brasileiros, e estando entre elles, os outros poder-se-hão chamar simplesmente Brasileiros, a serem nascidos no paiz, como escravos crioulos, os indígenas etc. mas a Constituição não se encarregou desses, porque não estão no pacto social: vivem no meio da sociedade cível, mas rigorosamente não são parte integrante della, os indígenas dos bosques, nem nella vivem, para assim dizer (...) estes não tem direitos se não os de mera proteção, e a geral relação de humanidade. Nos vamos marcar os direitos e as relações dos que entrão no pacto social, e cujo todo compõem o corpo político : isto he o que parece ser da nossa intenção no capitulo. Por tanto tem muito ligar a emenda do Senhor França".[44]

Francisco Carneiro colocou ao lado dos crioulos (libertos nascidos no Brasil) e dos escravos os indígenas, explicitando ainda mais a complexidade do tema. A sua afirmativa, segundo a qual os escravos, crioulos libertos e os indígenas não faziam parte do pacto social estava alicerçada nas premissas de Locke,[45] em particular quando este refere que "O fim principal da união dos homens em comunidades, e da sua sujeição a um governo, é a preservação da sua propriedade", propriedade que deveria ter sido adquirida com seu próprio trabalho. Assim sendo, só os proprietários seriam os que faziam parte do pacto social.

Como se vê, a distinção entre ser brasileiro e *ser cidadão brasileiro* que pautou as bases das discussões dos par-

---

[43] Diário da Assembleia Constituinte do Império do Brasil 1823. Introdução de Pedro Calmon. Senado Federal, vol. II, p. 105.

[44] Idem, p. 106.

[45] LOCKE, John. Segundo Tratado sobre Governo. In: *Coleção os Pensadores*. São Paulo: Abril Cultural, 1973.

lamentares estava ligada à definição das bases que teriam capacidade para legitimar o pacto social, entendido como construído pelos considerados cidadãos. Ora, se muitos deputados aprovaram essa diferença, outros, porém, propuseram-na em causa.

Frise-se que a questão dos indígenas havia sido tratada ao longo da história colonial. Uma das legislações que marcou o período pombalino foi a política implantada por meio do *Directório* de 1757, o qual foi revogado em 1798. A recuperação da política do *Directório*[46] pombalino, segundo Cristina Nougueira da Silva,[47] "tinha sido resolvida pelos constituintes vintistas, "quando a Comissão do ultramar aconselhara a mais exata observância da legislação a ele associada", e foi depois objeto de uma resolução (positiva) das Cortes". Sublinhe-se que a Lei do *Directório*[48] pretendeu substituir o papel administrativo dos jesuítas nas aldeias indígenas, as quais passaram a implantação (política pombalina), as aldeias passaram a ser consideradas vilas, regidas pela lei geral portuguesa. Para além desse aspecto ainda vulgarizar a língua portuguesa, uma vez que essa vulgarização garantiria a unidade dos domínios portugueses. Daí que o seu artigo 5° incidisse sobre a Lei:

> "A civilidade dos índios, a que se reduz a principal obrigação dos Diretores, por ser própria do seu ministério, e, empregarão, estes um especialíssimo cuidado em lhes persuadir todos aqueles meios, que

---

[46] DIRECTÓRIO, o que se deve observar nas povoações dos Índios do Pará, e Maranhão em quanto sua Majestade não mandar o contrário. In: *Colleção da Legislação Portugueza desde a última compilação das Ordenações*. redigida pelo desembargador António Delgado da Silva. 1750- 1962 Lisboa, 1830. Artigos: 6°, 7°, 8°, 10°, 17°, 81°, 82°, 83°, 85°, 87°, 88°, 89°.

[47] SILVA, Cristina Nogueira da. *Constitucionalismo e Império. A cidadania no ultramar português*. Op. cit., p. 274

[48] DIRECTÓRIO, o que se deve observar nas povoações dos Índios do Pará, e Maranhão em quanto sua Majestade não mandar o contrário. Op. cit., V. I, p. 507-530.

Constituição e Cidadania

possam ser condizentes a tão útil e interessante fim, quais são os que vou referir".[49]

---

[49] DIRECTÓRIO, o que se deve observar nas povoações dos Índios do Pará, e Maranhão em quanto sua Majestade não mandar o contrário. Op. cit., V. I, p. 507-530. "5- Enquanto porém à civilidade dos Índios, a que se reduz a principal obrigação dos Diretores, por ser própria do seu ministério; empregarão estes um especialíssimo cuidado em lhes persuadir todos aqueles meios, que possam ser conducentes a tão útil, e interessante fim, quais são os que vou a referir. 6- Sempre foi máxima inalteravelmente praticada em todas as Nações, que conquistaram novos Domínios, introduzir logo nos povos conquistados o seu próprio idioma, por ser indisputável, que este é um dos meios mais eficazes para desterrar dos Povos rústicos a barbaridade dos seus antigos costumes; e ter mostrado a experiência, que ao mesmo passo, que se introduz neles o uso da Língua do Príncipe, que os conquistou, se lhes radica também o afeto, a veneração, e a obediência ao mesmo Príncipe. Observando pois todas as Nações polidas do Mundo, este prudente, e sólido sistema, nesta Conquista se praticou tanto pelo contrário, que só cuidaram os primeiros Conquistadores estabelecer nela o uso da Língua, que chamaram geral; invenção verdadeiramente abominável, e diabólica, para que privados os Índios de todos aqueles meios, que os podiam civilizar, permanecessem na rústica, e bárbara sujeição, em que até agora se conservavam. Para desterrar esse perniciosíssimo abuso, será um dos principais cuidados dos Diretores, estabelecer nas suas respectivas Povoações o uso da Língua Portuguesa, não consentindo por modo algum, que os Meninos, e as Meninas, que pertencerem às Escolas, e todos aqueles Índios, que forem capazes de instrução nesta matéria, usem da língua própria das suas Nações, ou da chamada geral; mas unicamente da Portuguesa, na forma, que Sua Majestade tem recomendado em repetidas ordens, que até agora se não observaram com total ruína Espiritual, e Temporal do Estado. 7- E como esta determinação é a base fundamental da Civilidade, que se pretende, haverá em todas as Povoações duas Escolas públicas, uma para os Meninos, na qual se lhes ensine a Doutrina Cristã, a ler, escrever, e contar na forma, que se pratica em todas as Escolas das Nações civilizadas; e outra para as Meninas, na qual, além de serem instruídas na Doutrina Cristã, se lhes ensinará a ler, escrever, fiar, fazer renda, costura, e todos os mais ministérios próprios daquele sexo. 8- Para a subsistência das sobreditas Escolas, e de um Mestre, e uma Mestra, que devem ser Pessoas dotadas de bons costumes, prudência, e capacidade, de sorte, que possam desempenhar as importantes obrigações de seus empregos; se destinarão ordenados suficientes, pagos pelos Pais dos mesmos Índios, ou pelas Pessoas, em cujo poder eles viverem, concorrendo cada um deles com a porção, que se lhes arbitrar, ou em dinheiro, ou em efeitos, que será sempre com atenção à grande miséria, e pobreza, a que eles presentemente se acham reduzidos. No caso porém de não haver nas Povoações Pessoa alguma, que possa ser Mestra de Meninas, poderão estas até a idade de dez anos serem instruídas na Escola dos Meninos, onde aprenderão a Doutrina Cristã, a ler, e escrever, para que juntamente com as infalíveis verdades da nossa Sagrada Religião adquiram com maior facilidade o uso da Língua Portuguesa. 9- Concorrendo muito para a rusticidade dos Índios a vileza, e o abatimento, em que têm sido educados, pois até os mesmos Principais, Sargentos maiores, Capitães, e mais Oficiais das Povoações, sem embargo dos honrados empregos que exercitavam, muitas vezes eram obrigados a remar as Canoas, ou a ser Jacumáuas, e Pilotos delas, com escandalosa desobediência às Reais Leis de Sua Majestade, que foi servido recomendar aos Padres Missio-

O *Directório* estabelecia ainda outros princípios morais e econômicos como proibir chamar os africanos de negros; não haver nos empregos honoríficos preferência pelos brancos, permitindo acesso aos índios; garantir aos índios a propriedade de suas terras; mandarem extinguir totalmente a odiosa e abominável distinção entre brancos e índios; e facilitar os matrimônios entre brancos e índios. Para isso deveriam os diretores persuadir todas as pessoas brancas de que os índios não eram inferiores, tanto que foram habilitados a todas as honras competentes às graduações dos seus postos, "consequentemente ficaram logrados os mesmos privilégios as pessoas que casarem com os ditos índios". Ao se referir ao pacto social o parlamentar teve como foco o *Contrato social*.[50] Para Rousseau, o pacto fundamental, em lugar de destruir a igualdade natural, pelo contrário substitui por uma igualdade moral e legítima aquilo que a natureza poderia trazer de desigualdade física entre os homens.

No que se refere à impossibilidade de considerar índios e escravos alforriados crioulos cidadãos, pelo fato de os mesmos não participarem do pacto social vários deputados apoiaram essa proposta. No entanto, intervenções

---

nários por Cartas do 1º e 3 de Fevereiro de 1701. firmadas pela sua Real Mão, o grande cuidado que deviam ter em guardar aos Índios as honras, e os privilégios competentes aos seus postos: E tendo consideração a que nas Povoações civis deve precisamente haver diversa graduação de Pessoas a proporção dos ministérios que exercitam, as quais pede a razão, que sejam tratadas com aquelas honras, que se devem aos seus empregos: Recomendo aos Diretores, que assim em público, como em particular, honrem, e estimem a todos aqueles Índios, que forem Juízes Ordinários, Vereadores, Principais, ou ocuparem outro qualquer posto honorífico; e também as suas famílias; dando-lhes assento na sua presença; e tratando-os com aquela distinção, que lhes for devida, conforme as suas respectivas graduações, empregos e cabedais; para que, vendo-se os ditos Índios estimados pública, e particularmente, cuidem em merecer com o seu bom procedimento as distintas honras, com que são tratados; separando-se daqueles vícios, e desterrando aquelas baixas imaginações, que insensivelmente os reduziram ao presente abatimento, e vileza.".

[50] ROUSSEAU, Jean-Jacques. Do contrato social. In: *Os Pensadores*. São Paulo: Abril Cultural, 1973.

Constituição e Cidadania

como a do deputado Montemuza[51] não eram tão taxativas, ao responder as afirmativas do deputado Ferreira França sobre a proposta de diferenciar os cidadãos brasileiros dos que não seriam cidadãos brasileiros, embora tivessem nascido no Brasil, assim se manifestou: "Levanto-me para responder ao ilustre Preopinante, que trouxe por aresto os índios, e os crioulos cativos. Eu cuido que não tratamos aqui senão dos que fazem a sociedade brasileira, falamos aqui dos *súbditos do Império do Brasil,* únicos que gozam dos cómodos da nossa sociedade, e sofrem seus incómodos, que têm direitos e obrigações no pacto social". O pacto social só poderia ser compreendido pelos indivíduos que pudessem aderir na forma de consenso no âmbito da sociedade civil onde o poder político se exprime pela razão.

Se as questões como cidadania, direitos constitucionais, igualdade jurídica, governo representativo, separações dos Poderes, eram temas centrais da teoria política liberal desde o século XVIII, no século XIX se constituíram na estrutura que permitiu a edificação do estado constitucional. E para Montezuma, quando se referia aos "súditos do Império", estes seriam os únicos que tinham os direitos e obrigações contidos no pacto social. Com essas afirmativas, o deputado pretendia colocar uma homogeneidade jurídica, ou melhor, colocar sob um único marco normativo os súditos do Império. Porém não houve, nas várias participações de Montezuma durante o período de funcionamento da assembleia, a preocupação em determinar valores culturais ou civilizacionais, tidos como fundamentos antropológicos, acerca da inclusão dos alforriados ou dos indígenas. Cumpre, assim, sublinhar como o entendimento do pacto social, enquanto consenso, implicava a já sublinhada tensão entre os princípios universalizan-

---

[51] Diário da Assembleia Constituinte do Império do Brasil 1823. Introdução de Pedro Calmon. Senado Federal, vol. II, p. 90. O pensamento liberal é essencialmente individualista, parte do pressuposto do contrato social e legitima todo o poder para garantir a propriedade e a segurança dos cidadãos. O estado não deve intervir, em principio, senão para garantir a liberdade individual.

tes e a realidade de fato, tendo estes como pano de fundo o nexo, típico do liberalismo conservador da época, entre cidadania e propriedade. E, como se verá, a referência às diferentes capacidades instituintes do pacto, detidas pelos indivíduos integrados nos vários grupos sociais, será recorrente nos debates que selecionamos para essa análise. De onde a permanente delima que ultrapassou esta perspectiva: se, por um lado, o liberalismo pressupunha a valorização teórica do indivíduo, por outro lado, os temores de revoltas e revoluções mais radicais faziam prolongar critérios étnico-culturais e burgueses (proprietistas) para justificar a diminuição da capacidade cívica de boa parte da população que vivia no seio do novo estado-nação em construção.

No decorrer das sessões, as tomadas de posição sobre o tema da cidadania continuaram, e o Deputado Araújo Lima pediu a palavra para dissertar longamente sobre a forma de organização da sociedade e defender esta ideia essencial acerca da participação cidadã na realização do bem comum:

> "(...) entrão todos com suas forças, e com o seo grao de inteligência para o fim comum que he o bem de todos; (...) A desigualdade de talentos, e inabilidades natural e mesmo social traz com sigo desigualdade de direitos; porém pergunta-se, porque se dá a todos a mesma denominação, segue se que todos tem os mesmos direitos? Não (...) a palavra cidadão não induz a igualdade de direitos. (...) no sentido jurídico a palavra cidadão não designa se não a sociedade a que pertence".[52]

E, para provar a sua tese, o deputado evocou a origem da palavra *cidadão*, que remetia para o morador ou vizinho da cidade, sendo tradicional no direito feudal. Como se vê, em sua opinião, esse direito tinha acabado, pois essa denominação apontava para "o direito de todos

---

[52] Diário da Assembleia Constituinte do Império do Brasil 1823. Cit., p. 106.

Constituição e Cidadania **49**

os indivíduos porque seria odioso conservar diferenças".
Após esta intervenção o debate foi adiado pelo presidente
da assembleia.

Do ponto de vista de Araújo Lima, a eliminação das
diferenças retrataria o avanço, pois do contrário se estaria
configurando a visão tradicional no direito feudal. Por outro lado, defendia que, no sentido jurídico, a palavra *cidadão* não designava senão a sociedade a que pertence, o que
não induzia à igualdade de direitos.

O debate sobre os princípios acerca da cidadania que
alguns dos constituintes se propunham defender estava
baseado nos princípios da Declaração Americana de 1776,
da Declaração de 1789, da Constituição Francesa de 1791,
e de certas compreensões acerca do termo *cidadão*. No
Brasil, nos léxicos da língua portuguesa que circularam
desde o início do século XIX, observa-se a diferença de
significado entre o sentido arcaico de cidadão (em português arcaico) e a sua denotação moderna, em que o triplo
estado-povo-território constituiu o quadro de possibilidades da sua referencialidade. Naturalmente, no Brasil,
esta última acepção, em que o conceito tende a ser sinônimo de "nação cívica" – ganhou uma maior relevância a
partir de 1822, momento em que "cidadão" e "cidadania"
ganharam maior peso no discurso político, opondo brasílicos e criando, do ponto de vista dos princípios, a condição de cidadania a partir da individualidade moderna,
pressuposto para o exercício dos direitos políticos regulados pela constituição. No entanto, as várias versões desse
mesmo pressuposto liberal, mediados pelo horizonte dos
interesses sociais em disputa que povoavam a mente das
elites políticas, mostram que, se a cidadania implicava o
exercício pleno dos direitos políticos, civis, e sociais, uma
liberdade completa que combinava com a igualdade, irão
permanecer exceções baseadas em critérios que vinham
do não desejo de se romper com aquilo que pudesse por
em causa o poder dos grupos dominantes. E, se estas cautelas não foram um fenômeno exclusivamente brasileiro,

elas ganharam particular relevância na s sociedades em que o critério proprietista recobria a propriedade de escravos, ao mesmo tempo em que não podia escamotear a existência de grupos etnoculturais em que a matriz moderna de indivíduo não era encaixável.

Neste contexto, não deve surpreender que os textos fundadores do constitucionalismo liberal, que explicitam as lutas pela cidadania, em um quadro institucional e jurídico nacional, revelem a distância entre o cidadão com direitos e os que não os gozavam, embora nascidos no mesmo território nacional. Na etimologia do termo (latim) *civita*, cidade, (ideal), é a cidadania naturalizada. Ora, tal como nas demais revoluções inspiradas nos valores do liberalismo político, essa premissa conflitava com a visão dominante na época em que se discutia a cidadania brasileira, período em que, não só a centralidade institucional do estado-nação já era a referência maior no plano jurídico político, próprio da modernidade, mas também onde a recuperação conservadora daqueles princípios (traumatizada pela radicalidade de processos históricos como os da Revolução Francesa ou o da revolta dos escravos no Haiti) fazia coexistir, num evidente doutrinalismo eclético, os princípios da igualdade formal como o reconhecimento de desigualdades naturais e sociais. Por isso, no assunto em pauta, boa parte das opiniões dos representantes propendeu para a constitucionalização de hierarquias, definidas em termos sociais, de direitos políticos e cívicos, não obstante existirem *contestátios* desta orientação.

O debate foi retomado pela Assembleia em sessão do dia 25 setembro, quando Araújo Lima pediu a palavra e retomou os argumentos na defesa da igualdade dos nascidos no Brasil, invocando a Lei 17 de *statu hominum*. Para o deputado, "após esta lei todas as Nações proscreverão esta injusta distinção".[53] O foco da defesa se deslocou para exemplos praticados na Espanha, França e para a Consti-

---

[53] Diário da Assembleia Constituinte do Império do Brasil 1823. Cit., p. 109-110.

Constituição e Cidadania

tuição portuguesa de 1822. A ênfase foi focada com o seguinte argumento:

"A Constituição Portuguesa adoptou inteiramente a opinião que sigo: lembrarão-se seus Authores que este princípio geral de Direito Público estava sancionado pela Legislação sempre seguindo desde o berço da monarquia, e firmada em todos os códigos della; Para que pois alterá-la? (...) he já doloroso o ser necessário que alguns delles não possão gozar dos Direitos Políticos. A dura necessidade de determinar esta distinção he já um mal offensivo da igualdade política; mas não se privem do honorifico título de Cidadão, adquirido pelo seu nascimento, pelas determinações legais, e abraçarão o novo Pacto Social".

Insistia o parlamentar em uma atitude política, mais precisamente se funda na ideia de uma tomada de decisão acerca do reconhecimento do papel dos alforriados na sociedade.[54] A condição social e o pressuposto da fundação da ordem estavam ligados à legislação tradicional.

Na defesa da igualdade, manifestou-se o Deputado Vergueiro, apoiando as premissas apresentadas por Araújo Lima. A eloquência dos pronunciamentos revela um talento de convencer por meio das palavras a defesa dos alforriados. Importante salientar que tal eloquência só teve reflexos, pois vinha acompanhada de eficiente conhecimento político-jurídico.

Os argumentos apresentavam a visão de uma cidadania diferenciada; os cidadãos que possuíam direitos políticos e os cidadãos que não possuíam esses direitos. O direito de voto baseava-se essencialmente na noção, na capacidade de ganho, voto censitário, na propriedade, na capacidade de manter mulheres, crianças, empregados e escravos. A inferioridade política apontava para o reco-

---

[54] Recorde que a Constituição portuguesa de 1822, que foi elaborada para ter uma aplicação em todo o Reino Unido, reconhecia os direitos políticos aos indígenas e escravos libertos.

nhecimento de pelo menos duas categorias de cidadãos: com direitos civis e políticos e sem direitos políticos.

Embora os argumentos defendidos por Araújo Lima fossem estruturados no direito natural moderno o debate continuou com votos contrários entre eles o manifestado por Rocha Franco que argumentava a existência de diferença entre brasileiro e cidadão brasileiro, com base em diferenças sociais. Da mesma opinião o Deputado Almeida Albuquerque lembrava: "Em um paiz, onde há escravos, onde uma multidão de negros arrancados da costa d'África, e doutros lugares, entrão no numero dos domésticos, e formão parte das famílias, como he possível que não haja essa divisão?".[55] A longa argumentação seguiu apontando exemplos da Grécia antiga, de Roma, entre outros. Passou-se a discutir as emendas propostas pelos deputados. Em meio aos debates o Deputado Arouche Rendon pede a palavra ao presidente e assim se manifesta: "Quem tem algumas luzes de jurisprudência conhece bem a differença que há entre Brasileiro simplesmente, e Cidadão Brasileiro".[56]

Note-se que a argumentação utilizada pelos parlamentares não se diferenciava das tratadas e publicadas na Declaração de 1789, além das contidas na Constituição Francesa de 1791, e das publicadas na Constituição Americana da época. Podemos observar que os discursos expõem um dos contrastes existentes em algumas teorias políticas: o todo político está, em primeiro lugar, em detrimento do social. A base do individualismo moderno, no entanto, colocava em primeiro lugar os direitos individuais os quais determinam a natureza das instituições modernas democráticas. Arouche Rendon evoca a jurisprudência no sentido de delimitar os direitos políticos em que não se trata de seres sociais, mas de indivíduos. A negação ao direito de cidadania a categorias como a dos alforriados, dos escravos, dos crioulos e dos indígenas, entre outros, é sus-

---

[55] Diário da Assembleia Constituinte do Império do Brasil 1823. Cit., p. 111.

[56] Ibidem.

Constituição e Cidadania

tentada com base na igualdade humana, tal como previa a *Declaração dos Diretos do Homem e do Cidadão*, todos são iguais enquanto humanos, no entanto, podemos deduzir que só alguns são cidadãos. Notem-se as referências sobre quem se incluía no pacto social, segundo o parlamentar estavam excluídos vários segmentos. O contrato, para Rousseau, não é um contrato entre indivíduos (como em Hobbes), também não é um contrato entre os indivíduos e o soberano, com essas exclusões o autor evita qualquer forma de contrato de governo, e, assim cria uma proteção contra o absolutismo. Pelo pacto social, cada indivíduo se une a todos levando à ideia de que o contrato é feito com a comunidade. Ainda no *Contrato Social*[57] aparece a preocupação com as ideias sociais procurando corrigir a injustiça e reduzir a distância entre pobres e ricos.

Como já referido, no início do século XIX, nem todos os membros da sociedade estavam qualificados para terem uma atuação política como a de votarem e serem votados (o voto censitário), embora fossem considerados cidadãos. Os que viviam sob a proteção ou sob as ordens de outrem, empregados mulheres, menores, no caso brasi-

---

[57] ROUSSEAU, Jean-Jaques. Do contrato social. In: *Os Pensadores*. São Paulo: Abril Cultural, 1973. Em sua obra não se encontram indícios do interesse em defender a abolição da propriedade ou em renunciar ao progresso. Preocupou-se com a infelicidade humana e atribuiu a mesma às razões sociais e políticas. Desenvolveu essa hipótese no *Contrato Social*. Muitos autores a exemplo de Dumont o identificam como sendo "anti-individualista", mesmo que essa seja apenas uma parte da verdade, nas palavras do autor o próprio Rousseau, no início de um capítulo inicial do *Contrato Social* intitulado "Do Direito Natural e da Sociedade Geral" diz: "Essa perfeita independência e essa liberdade sem regra, mesmo que permanecesse junto à antiga inocência, teria sempre tido um vício essencial e nocivo ao progresso das nossas mais excelsas qualidades, a saber, a falta dessa ligação das partes com o todo". Vemos com essa premissa que Rousseau aplica ao homem tal como é observado em sociedade, o homem na natureza. No *Discurso sobre a origem da desigualdade,* ele apresenta o homem segundo a natureza, livre e igual em certo sentido, dotado de piedade e de faculdades ainda não desenvolvidas, não diferenciadas, um homem inculto, por essa razão nem virtuoso nem maldoso. No *Contrato Social* temos a percepção sociológica sobre o reconhecimento do homem como ser social em oposição ao homem abstrato e individual. Como pensador do seu tempo, Rousseau percebia o indivíduo como ideal moral com reivindicação política irreprimível baseada no direito natural moderno.

leiro os alforriados, todos seriam cidadãos *passivos*. Kant[58] tenta resolver essa contradição. No entanto, convém lembrar que a legalidade da lei é legitimada pelos cidadãos e não pelo soberano como no período absolutista. Como lembra Koselleck:[59]

"O que o *judgement* dos cidadãos estabelece em diferentes países como vício ou virtude não é decisivo para a legalidade da moral; conforme a época, o lugar, e as circunstâncias dadas, podem declarar a virtude como vício ou o vício como virtude. A legalidade de suas opiniões morais insiste antes, no juízo dos próprios cidadãos. (...). Por esse motivo Locke também chama a lei da opinião pública de *Law of Private Censure* (Lei da censura privada). Espaço privado e espaço público não são de modo algum excludentes. Ao contrário, o espaço público emana do espaço privado".[60]

Na teoria liberal do século XVIII, utilizada por juristas no início do século XIX, todos os cidadãos estão destinados a serem livres e iguais indivíduos homogêneos. Neste sentido, a esfera política é caracterizada pelo seu universalismo pelo fato de que a diferença se restringe apenas à "identidade não pública".

No dia 26 de setembro, a sessão foi aberta e após a leitura do ofício encaminhado pelo Ministro da Justiça, abriu-se o debate sobre o § 2º do artigo 5º no qual se discutia a cidadania dos portugueses residentes no Brasil.[61]

---

[58] KANT, E. A liberdade, o individuo e a república. In: WEFFOTT, Francisco (org.). *Os clássicos da política*. São Paulo: Ática, 1991, p. 62, 63. Kant tenta resolver essa contradição entre o conceito puro de cidadania e o de cidadania *passiva* pela reafirmação do atributo da igualdade em nova formulação: "por igualdade deve-se entender a igualdade de oportunidades". Segundo Kant "as leis vigentes não podem ser incompatíveis com as leis naturais da liberdade e da igualdade de oportunidades segundo as quais todos podem elevar-se da situação *de cidadãos passivos ao de cidadãos ativos*".

[59] KOSELLECK, Reinhart. *Crítica e Crise*. Rio de Janeiro: Editora da UERJ, 1999, p. 51 e segs.

[60] Ibidem.

[61] Diário da Assembleia Constituinte do Império do Brasil 1823. Cit., p. 115.

O debate foi estendido por toda a sessão com o pronunciamento de quatorze deputados. O número de manifestações acerca do tema foi significativo se considerarmos a participação dos deputados quando se discutia outros temas polêmicos, como por exemplo, a cidadania dos alforriados. No caso da cidadania dos portugueses, podemos observar que os discursos estavam focados no problema do reconhecimento da cidadania aos portugueses que não haviam apoiado a independência. A presença de deputados nas sessões via de regra não era da totalidade dos que tomaram posse. Dos 102 deputados eleitos para a assembleia, 89 tomaram assento. O número de deputados que se inscreviam para as discussões, notadamente nos temas que envolviam tensões que geravam grandes debates foi, via de regra, a minoria. Pode-se observar ainda que a solicitação de licenças médicas durante os debates polêmicos aumentavam, a exemplo dos dias em que se debateu a questão da cidadania.

No dia 27 setembro, o tema da cidadania foi retomado quando da proposta de aprovação dos §§ 4º e 5º do artigo 5º, que previa o reconhecimento da cidadania aos filhos de pais brasileiros nascidos em outro país, e dos filhos ilegítimos de mãe brasileira.

O Deputado Costa Barros pediu a palavra e assim se manifestou sobre o direito de cidadania:

> "Eu nunca poderei conformar-me a que se dê o titulo de Cidadão Brasileiro indistinctamente a todo o escravo que alcançou a Carta d'Alforria. Negros buçais, sem officio, nem beneficio, não são, no meo entender, dignos desta honrosa prerogativa; eu os encaro antes como membros dannosos à sociedade à qual vem servir de peso quando lhe não causem males. Julgo por isso necessário coarctar tão grande generalidade, concedendo este § nos seguintes termos: Os escravos §c. que tem emprego ou oficio".[62]

---

[62] Diário da Assembleia Constituinte do Império do Brasil 1823. Cit., p. 130.

A posição apresentada foi apoiada por alguns dos deputados. Os debates continuaram durante toda sessão sem serem conclusivos. Os argumentos apresentados por Barros revelam que os via como selvagens transoceânicos, boçais e indignos de se tornarem iguais.

Na defesa da concessão do título de cidadão, somente aos alforriados que possuíssem emprego ou ofício pode-se encontrar uma ideia de inclusão civilizacional de direta inspiração burguesa, porque somente o trabalho e o ofício teriam capacidade para civilizar os boçais escravos, o fim utilitário que asseguraria a mão de obra no país. A emergência de um vocabulário ligando a ideia de civilização ao trabalho marcou a proposta do deputado. Em que pese às referências discriminatórias, "negros buçais, sem officio, nem beneficio", acompanharem as justificações que apresentava à assembleia para que o parágrafo proposto, segundo sua expectativa, fosse aprovado.

Na sessão do dia 30 de setembro, a ordem do dia foi o § 6° do artigo 5°. Como ficaram adiadas na sessão anterior as propostas de Costa Barros e do Deputado França, o Deputado Moniz Tavares – ecoando a velha presença do *espectro do Haiti* no seio de certas elites políticas brasileiras – se manifestou sobre a possibilidade de o artigo passar sem discussão,

"porque os Oradores da Assembleia Constituinte de França produziram os desgraçados successos da Ilha de São Domingos, como affirmão alguns escritores que imparcialmente falarão da revolução Francesa; e talvez alguns entre nós a favor da humanidade, expozessem ideias (que antes convirá abafar), com o intuito de exercitar a compaixão da Assembleia sobre essa pobre raça de homens, que tão infelizes só porque a natureza os criou tostados. Eu direi somente que no antigo sistema apenas um escravo alcançava a sua Carta de Alforria, podia sobir aos Postos Militares nos seos Corpos, e tinha o ingresso no sagrado

Constituição e Cidadania

Ministério Sacerdotal, sem que se indagasse se era ou não nascido no Brasil".[63]

A defesa, com base em que a diferença de cor, não impediria a conquista da cidadania, foi o foco usado pelo parlamentar. A cor não degenerava, as forças da natureza tinham permanecido através das épocas. Note-se que as discussões constitucionais, em torno dos alforriados, colocavam à vista o medo da possibilidade de rebeliões de alforriados e de escravos. O tópico da Revolução do Haiti (1791) não havia sido esquecido. Para Moniz Tavares os deputados deveriam preservar-se dos debates acerca da escravidão, pois o contrário poderia provocar rebeliões aos moldes das ocorridas em São Domingos. Em suas diversas versões estava presente nas ideias e nos discursos dos constituintes, os quais acreditavam que a proteção dada a escravos e alforriados poderia resultar em levantes sangrentos, uma vez que a sociedade brasileira não estaria preparada para essas concessões e porque os escravos não saberiam governar-se. A contradição é apontada pelo parlamentar quando lembra que o ingresso no ministério sacerdotal assim como nas carreiras militares dos alforriados, e explicitava os silêncios e os incômodos da presença de alforriados em vários setores da sociedade em que a "igualdade já existia" em termos de "eliminação" de diferenças pela cor, bases do direito natural moderno.

Desde a segunda metade do século XVIII, o direito natural teve uma importância notável, mais do que nos é dado conhecer na historiografia recente. Muitas das Universidades mais importantes da Europa principalmente dos países com tradição protestante, tinham, há muito, criado cadeiras de direito natural fato que explica a atuação dos deputados com formação superior, principalmente os com formação jurídica. E, ao contrário de muitas ideias feitas postas a correr por alguma historiografia pouco atenta

---

[63] Diário da Assembleia Constituinte do Império do Brasil 1823. Cit., p. 134.

a esta temática, a Europa[64] católica seguiu, após as reformas universitárias, a mesma iniciativa no que se refere ao direito natural moderno. Várias ações contribuíram para o sucesso desta nova visão: novas traduções de Grócio e Pufendorf, manuais e comentários de Chistiam Wolff, de Burlamarqui de Genova transmitiam os ensinamentos do direito natural à França inteletual, onde se tornou axiomático falar como fez D'Alembert na *Encyclopédie*, de um direito natural que era "anterior a todas as convenções", seria como "a primeira lei dos povos". A grande maioria dos parlamentares com formação superior haviam cursado Cânones ou Leis em Coimbra, onde os ensinamentos de Burlamarqui, Bentham e Beccaria, entre outros, constituíam-se em leituras conhecidas assim como na França e Inglaterra, no mesmo período.[65]

O direito natural tinha, neste contexto, mais que um sentido. Por um lado, podia significar como uma lei imutável da justiça para todos os homens, como a busca do sonho da universalização, e podia ser descoberto pela razão. Esses ensinamentos chegaram à Universidade de Coimbra e se integraram à disciplina de direito natural moderno. Como os deputados defensores dos alforriados eram formados em Coimbra, na área jurídica, não é de se estranhar que a defesa fosse pautada por essas premissas. Por outro lado, o direito natural moderno também podia significar uma generalização empírica, a partir de fatos da história e da natureza humana. A maior parte dos pensadores políticos da época confundia ou combinava estes dois significados. No entanto, ambos serviram para determinar

---

[64] BAUMER, Franklin L. *O Pensamento Europeu Moderno*, v. I, II. Vila Nova de Gaia: Edições 70, 1990, p. 247.

[65] Sobre esta temática, veja-se: SILVA DIAS, José Sebastião da. "Pombalismo e cultura política". In. *Cultura, História, Filosofia*, nº 1, 1982, p. 45-114 e "Pombalismo e projecto político". In: *ibidem*, nº 2, 1983, p. 185-318. ARAÚJO, Ana Cristina. "Dirigismo cultural e formação das elites no pombalismo" e "As ciências sagradas na cidade da razão", In: AAVV. *O Marquês de Pombal e a Universidade de Coimbra*. Coimbra: Imprensa da Universidade, 2000, p. 9-40 e 71-93. ARAÚJO, Ana Cristina. *A Cultura das Luzes em Portugal. Temas e problemas*. Lisboa: Livros Horizonte, 2003.

Constituição e Cidadania

normas legais universais, que não poderiam ser mudadas por vontade do soberano.

Os dois grandes filósofos da igualdade, Helvétius e Rousseau, influenciaram a legislação acerca da questão da igualdade. Em Hume, podemos buscar as bases de um utilitarismo "sentido", como uma tendência da época. As leis eram meras convenções, baseadas na experiência e no hábito, com foco no relativismo à sua conclusão lógica.[66] No entanto, todos procuravam o universal na vida política. O pensamento político inglês era mais complacente do que o francês, e o alemão, menos liberal do que o inglês ou o francês. O exemplo transmitido pelo *Contrato social* de Rousseau – que postulava uma sociedade de iguais, política e moral, através da participação dos indivíduos nas decisões a que tinham de obedecer, e, pela participação, identificados igualmente com a comunidade – foi uma das premissas postuladas também pelos ensinamentos transmitidos pela Universidade de Coimbra.[67] No contexto, o cidadão individual constituiu-se no elemento funcional do estado burocrático moderno, nesse sentido, passou a ser visto como localizado no interior da estrutura formadora da sociedade moderna, administrada pelo estado.

Nos debates realizados na Assembleia Constituinte de 1823, diversos deputados empregaram argumentos identificados com os que foram defendidos pelos constituintes franceses e americanos, outros defendiam as diferenças hierárquicas, mantidas desde o período medieval. Dos discursos proferidos pelos constituintes os apresentados por Silva Lisboa, na defesa da cidadania dos alforriados, se destacam pelo caráter, pela percepção apresentada pelo constituinte, quando da defesa da cidadania dos alforriados. Tal defesa foi utilizada principalmente pelos constituintes com formação jurídica, no entanto, outros

---

[66] BAUMER, Franklin L. *O Pensamento Europeu Moderno*, v. I, v. II, Vila Nova de Gaia, Edições 70, 1990, p. 247.

[67] Cf. MACHADO, Fernando Augusto. *Rousseau em Portugal (da clandestinidade setecentista à legalidade vintista)*. Porto: Campo das Letras, 2000.

esforçaram-se para negar os argumentos jurídicos de defesa da igualdade.

Após vários pronunciamentos, os debates continuaram entre os prosélitos da cidadania aos alforriados e os que não concordavam com essa posição, em face das tensões vividas em longos debates que foram travados não houve uma conclusão plausível. Se, por um lado, a compreensão da igualdade ficava ligada à condição civilizacional, para muitos dos constituintes, por outro, a condição de igualdade foi defendida, entre outros, por Silva Lisboa com base nas premissas de que o súdito deveria, na condição de humano, ser privatizado. O autor[68] enfatiza a necessidade que teve o estado moderno de "desintegrar o súdito, e associá-lo – de início, no seio da elite intelectual – na sociedade civil e tenta encontrar uma pátria em um domínio apolítico e a-religioso. Ele encontra na moral, que é o produto da religião confinada ao espaço privado. O campo de ação da moral é o mundo uno e sem fronteiras". Não por acaso é possível concordar com Koselleck,[69] quando do refere que:

"A ameaça da guerra civil, cujo fim era imprevisível, já estava moralmente decidida para o burguês. A certeza da vitória, que residia precisamente na consciência extra-política – a princípio, uma resposta ao absolutismo – exacerbou-se em uma garantia utópica".

Condenado a desempenhar um papel apolítico, o cidadão refugiou-se na utopia, que lhe conferiu segurança e poder. Ela era o poder político indireto por excelência, em cujo nome o estado absolutista foi derrubado.

---

[68] KOSELLECK, Reinhart. *Crítica e Crise*. Op. cit., p. 159.

[69] Idem, p. 160.

5. Do Direito Constitucional à cidadania: o discurso de Silva Lisboa

Na opinião de Buarque de Holanda:[70] "Lisboa divulgou as ideias de Adam Smith em numerosos trabalhos: *Curso de Direito Mercantil* – 1801, *Princípios de Economia Política* – 1804, *Princípio de Direito Mercantil* 1801-1808". Há ainda que salientar outra opinião de Buarque de Holanda sobre Silva Lisboa, quando afirma: "Silva Lisboa foi um autor desatualizado ainda em 1819".

A obra de Lisboa é muito vasta e multímoda. Aqui, porém, ela somente nos interessa na sua vertente que tem implicações no campo dos direitos individuais. Ora, para isso, torna-se fundamental salientar que o quadro colonial do final do século XVIII e início do século XIX, despertava para os novos princípios do liberalismo. Essas novas ideias trazidas da Europa, e muitas vezes através de Coimbra, despertavam a oposição contra os detentores dos monopólios, principalmente dos comerciantes e produtores portugueses, contrariando, em última instância, os interesses da Coroa. A tomada de consciência dos colonos é o primeiro passo em favor da emancipação. Os conflitos de interesses, as sublevações, as representações violentas representavam o antagonismo já existente en-

---

[70] HOLANDA, Sérgio Buarque. "– A herança colonial – sua desagregação" – O Brasil Monárquico, 1. O processo de emancipação. *História Geral da Civilização Brasileira*, II (1). São Paulo: Difusão Européia do Livro, 1962, p. 27.

tre alguns setores da sociedade brasileira com relação ao mercantilismo da Metrópole. O processo de formação da nacionalidade veiculou-se à oposição entre Colônia e Metrópole e foi impulsionado pela diferença de tratamento dado por Portugal aos brasileiros. Os colonos – que em princípio se consideravam os "portugueses do Brasil", acreditando que a única diferença entre os habitantes do império era de área geográfica – perceberam, claramente, a incompatibilidade existente entre os seus interesses e os da Metrópole.

Os interesses dos brasileiros em relação ao domínio português explicitaram-se amplamente nos debates realizados na Constituinte de 1823. No que concerne aos direitos de cidadania, que envolviam os direitos políticos e os de propriedade, a coisa particular em relação aos outros, e do que os outros estão excluídos, sinônimo de direito, a propriedade é uma das partes que não precedia da "natureza", mas do "direito humano", a posição dos deputados foi muito diversa. Há uma clara defesa do direito de cidadania no sentido lato defendida por Silva Lisboa, a qual pode ser observada desde a sua primeira manifestação acerca do tema. Ainda durante a sessão de 30 de setembro, aquele deputado, que até então não havia se manifestado sobre a questão da cidadania, solicita ao presidente da assembleia a palavra e assim se manifesta:

> "Depois de tanta controvérsia, não posso deixar de expor os meos sentimentos sobre o Artigo 6º, que entendo ser justo e político, e não admitir as restrições, que se lhe tem oposto. Quando se trata da Causa Liberal, não he possível guardar silencio, antes devo dizer com o Clássico Latino. – Sou um homem; *nenhuma cousa da humanidade penso ser-me estranha.* – Parece-me com tudo ser conveniente fazer-se o Artigo mais simples ou amplo para excluir toda a duvida, declarando-se ser Cidadão Brasileiro, não só o escravo que obteve do seo senhor a carta de alforria, mas também que o adquirio a liberdade por qualquer ti-

tulo legitimo: visto que também se dão liberdade por authoridade da Justiça, ou por Dispositivo de Lei; e ora temos mais as que pela convenção com o Governo Britânnico se concedem aos Africanos, em consequência de conflitos feito pelo Trafico ilícito de Escravatura, ficando eles inteiramente livres depois de certos annos de tutela em poder de pessoas de confiança da Comissão Mista. Opponho-me as emendas feitas pelos Senhores Deputados, que alias reverenccio: tenho por farol ao Escripto do Espirito das Leis, Montesquieu o qual adverte aos Legisladores: porque, multiplicando-se particularidades e excepções, se destroe a força da Regra, e, segundo ele diz- *uns detalhes trazem outros detalhes.* – Por isso não me parece de boa razão não dar o Direito de Cidadão a quem adquirio a Liberdade Civel pelos modos e títulos legítimos estabelecidos no Paiz. Para que se farão distinções arbitrarias dos Libertos, pelo lugar do nascimento, pelo préstimo, e officio. Uma vez que adquirirão a qualidade de pessoa civil, merecem igual proteção da Lei, e não podem ter obstáculo de arrendar e comprar terras, exercer qualquer indústria, adquirir prédio, entrar em estudos públicos, alistar-se na Milícia e Marinha do Império".[71]

Logo, se a liberdade, segundo Montesquieu,[72] consiste no direito de fazer tudo que as leis permitam e se estas nascem da "consciência jurídica do povo a que se destina", ao estado cabe a tarefa de traduzir essa consciência. Com a legitimidade do poder político derivava da sua capacidade de produzir obediência, tratava-se de um pacto social desigual, que reproduzia uma compreensão hierárquica da sociedade.

---

[71] Diário da Assembleia Constituinte do Império do Brasil 1823. Introdução de Pedro Calmon. Senado Federal, vol. II, p. 134, 135.

[72] MONTESQUIEU. *O Espírito das Leis.* São Paulo: Saraiva, 1994, p. 162-163.

Quando se refere a *taboas razas*,[73] o deputado demonstra a sua filiação teórica: fez crítica às ideias inatas defendidas por Descartes, por outro lado, defendeu claramente o conceito de *taboa rasa* com base em Locke: o conhecimento só começa após a experiência sensível. Se houvesse ideias inatas, as crianças já as teriam. Esses argumentos foram contundentes para negar a inferioridade racial dos crioulos alforriados e dos escravos. Os argumentos focaram ainda a necessidade de reconhecer a alforria dos que conseguiram a mesma por meio de dispositivo legal, o qual deveria incluir a convenção com o Governo britânico que concedeu aos africanos, em consequência de conflitos feitos pelo tráfico ilícito de escravatura, ficando eles inteiramente livres depois de certos anos de tutela em poder de pessoas de confiança da Comissão Mista. Opôs-se às emendas feitas pelos deputados que negavam tais direitos, argumentando com base no *Espírito das Leis*. Para ele, a liberdade deveria garantir os diretos civis aos alforriados.

As linhas principais da primeira parte do discurso apontam para dois exemplos: em primeiro lugar, o exemplo Britânico, que concedeu aos africanos, em consequência de conflitos feitos pelo tráfico ilícito de escravatura, impôs que os escravos ficassem inteiramente livres depois de certos anos de tutela em poder de pessoas de confiança da Comissão Mista. O exemplo se refere ao contexto político inglês, cujo liberalismo era marcadamente diferente por vários fatores, entre eles o papel dos fisiocratas e a existência de um poder de representação que, como Montesquieu percebeu, respeitava a divisão de poderes, bem como de uma cultura empirista e utilitarista. No entanto, estas fontes inspiradoras, conducentes à defesa da racionalidade e da igualdade, surgiram mediadas, em Lisboa, pelo *Espírito das Leis*. O Parlamentar utilizou-se de Montesquieu para contestar a prática das exceções, que eliminariam a força da regra: *uns detalhes trazem outros detalhes.*

---

[73] LOCKE, J. Ensaio sobre o entendimento humano. In: *Coleção os Pensadores*. São Paulo: Abril Cultural, 1973.

E o modo com estruturou o seu pensamento revela um amplo conhecimento dos autores que cita, ainda que dentro de um horizonte eclético, como era, aliás, comum na época. A utilização de argumentos contundentes, para defender os direitos civis, constituiu-se na estratégia de Silva Lisboa para incluir os libertos como cidadãos do estado. Em sua opinião,

"Ter a qualidade de cidadão Brasileiro he sim ter uma denominação honorifica, mas que só da *direitos cívicos*, e não *políticos*, que não se tratão no Capitulo em discussão, e que são objeto do Capitulo seguinte, em que se trata do Cidadão activo, e proprietário considerável tendo as habilitações necessárias à eleição e nomeação dos empregos do Império. Os direitos cívicos se restringem a dar ao homem livre o jus a dizer – tenho uma Pátria; pertenço à tal Cidade ou villa; não sou sujeito à vontade de ninguém, mas só ao Império da Lei. Tem-se dito, que nem convinha haver discussão sobre tal Artigo, por ser objeto de suma delicadeza: citou-se Madame de *Stael,* que attribue à uma semelhante discussão da Assembleia da França a catástrophe da sua melhor Colônia na América. Eu direi, que não é risco em se deixar a verdade combater com a falsidade, e aquella prevalecerá, sendo o duelo sem padrinhos. Quem perdeo a Rainha das Antilhas foi, além dos erros do Governo Despótico, a fúria de *Robespierre,* o qual brandou na Assembleia – *pereção as nossas Colonias, antes que pereção os nossos princípios.* Elle com os colegas Anarchistas proclamarão súbita e geral liberdade aos escravos; o que era impossível, e iniquíssimo, além de ser contra a Lei suprema da *salvação do Povo.* Onde o concro do captiveiro está entranhado nas partes vitaes do corpo civil, só mui paulatinamente se pode ir desarraigando. Os ilustres autores do Projecto da nossa Constituição tiverão em vista os Conselhos da Prudência politica; e, neste ponto, o seo sistema se acha, ao meo ver, tão bem ligado, que não tenho expressões adequadas ao seo elogio. Quando combino o Artigo em questão com os Atigos 245, 255, parece-me que satisfazem completamente às objecções, em que se tem insistido, estabelecendo a base de regulados benefícios aos escravos, unicamente propondo-se sua *lenta emancipação*, e moral instrucção. Os mesmos Africanos, não obstante as arguições de gentilidade e bruteza, são suceptiveis de melhora mental, até por isso mesmo que se podem dizer *taboas razas*".[74]

O princípio que norteia a defesa do constituinte está fundamentado na diferença liberal entre cidadão ativo e cidadão passivo. A hierarquia entre essas duas categorias estava baseada na propriedade nas habilitações necessárias à eleição (voto censitário), além da nomeação dos empregos do Império. Essa é a diferença entre a categoria de cidadania plena – direitos políticos – e direitos civis. Para o parlamentar, o "Cidadão ativo, e proprietário" possuía direitos de cidadania, que envolvia os direitos de propriedade, a coisa particular em relação aos outros, e do que os outros estão excluídos, sinônimo de direto, a propriedade é uma das partes que não precedia da "natureza", mas do "direito humano". A propriedade inicia com o direito de propriedade do próprio corpo, desde Locke.

A defesa que Silva Lisboa construiu para garantir o direito de cidadania a todos os alforriados (crioulos ou nascidos na África) fugia do campo de referência teórica com base na fundamentação biológica, pois buscou, além da defesa baseada na concepção de *taboa rasa*, a jurisprudência como um dos argumentos para garantir a cidadania aos alforriados. Segundo Cristina Nougueira da Silva, as defesas feitas com esses fundamentos foram inovadoras, porque "a ideia de que o nativo africano livre era cidadão não existia no pensamento português – onde o nativo

---

[74] Diário da Assembleia Constituinte do Império do Brasil 1823. Cit., p. 134, 135.

foi fundamentalmente o índio, no curto espaço de tempo em que o ultramar foi o Brasil".[75]

Por sua vez, o discurso de Lisboa também buscou reafirmar a questão da propriedade, sinal de que também não negligenciou os postulados universalistas, principalmente quando afirmava que:

"Pela jurisprudência antiga, o servo era considerado somente coisa, e não pessoa, e por isso nada podia adquirir, por qualquer via, que não recahisse instantaneamente no patrimônio do senhor, e em consequência nunca se podia verificar o caso de ter um preço, que offerecesse pela sua liberdade; com tudo os mesmos Jurisconsultos introdusirão na pratica a equidade dos Pretores, contra o rigor do principio, authorizando o pecúlio do servo; e, quando pelas subtilezas forenses se arguia a inconsequência da pratica à regra legal, eles davão a resposta, que se devia olhar para a Lei – sem os ápices do Direito civil. Ter o direito de Cidadão Brasileiro não he ter o direito de Cidadão romano, do tempo em que floreceo o Povo celebre Latino, cujo Governo aspirou ao Imperio universal. Este título dava grandiosos privilégios aos nascidos em Roma, ou havião adquirido o seo Foro. Os subdidos das diversas Províncias só tinhão os inferiores direitos de Munícipios, *Coloniais, e Precfeitura*, conforme a graduação politica do Districto, e os escravos manumissos sempre conservão a degradante nota de *Libertos*. Porém, depois de se extender o Imperio, e terem se, como diz Tácito, *Nações nas famílias*, vários Imperadores forão abolindo taes diferenças. O Imperador Justiciano exercitou a observância da Lei do Imperador Antonino Pio, o qual havia estabelecido a regra, que se vê na Lei 17 Dig. *Stunn Hominunn* – Todos os homens livres que habitarem na orbita do Imperio, serão Cidadãos –. O mes-

---

[75] SILVA, Cristina Nogueira da. *Constitucionalismo e Império. A cidadania no ultramar português*. Coimbra: Almedina, 2009, p. 61.

mo *Antonino Pio*, em outra Lei havia dito – *He do nosso interesse ter libertos e libertas – carecemos manumisos* – O dito *Justiniano*, para excluir toda *escrupolosodade, suthenticamente* declarou em a Novella 78 Cap.5º, que ficassem compreendidos na Lei, com geral largueza, todos os que merecessem a liberdade dos Senhores, como em restituição da ingenuidade da Natureza".[76]

Continua a sua argumentação buscando apontar certas ações administrativas ocorridas no período do Reinado de D. José,

"(...) Sua Majestade Fidelíssima EL Rei D. José no Alvará de 19 de Setembro de 1761 concedeo todos os direitos de pessoas livres aos escravos que no Brasil se transportassem para Portugal, sem distinguir origens, côres, e habilidades, só exceptuando os vindos nas Tripulações. Ainda que esta Legislação tivesse em vista não diminuir no Brasil os braços necessários, e obter à nociva concorrência dos negros aos serviçais de Portugal; com tudo della he evidente, que não se teve o melindre de desigualar taes libertos aos livres do País, sendo alias a população quase toda de brancos. O Alvará de 18 de Janeiro de 1778 ainda foi mais liberal; pois libertam os que tinhão vivido em captiveiro no Reino do Algarve, declarando-os hábeis para todos os Officios, Honras, e Dignidades, sem a nota distinctivas de Libertos, que (bem diz o Legislador) *a superstição dos Romanos estabeleceo nos seos costumes, e que a união Cristã e a sociedade civil, faz hoje intolerável.* A face destes exemplos, como esta Augusta Assembleia póde ter menos indulgencia à toda a sorte de escravos, que obtivesse o titulo legitimo de liberdade, que restabelece o direito natural, o lhes dá a qualidade de *livres?* Ainda que sejam Africanos, por isso mesmo que merecerão a liberdade, he de presumir que, no geral, industriosos, e subordinados, e que continua-

---

[76] Diário da Assembleia Constituinte do Império do Brasil 1823. Cit., p. 134, 135.

rão com dobrada diligencia em suas industrias uteis, pela certeza de se apropriarem o inteiro fructo de seo trabalho. O beneficio da Lei principalmente recahirá sobre os creôlos, sendo estes sempre o maior numero de Libertos. O que na discussão presente se alegou o perigo dos forros vadios, he mero objecto de Policia, e não deve influir em Artigo Constitucional, que suppõe regularidade no Governo administrativo. Muito se alterou sobre não ter titulo de Cidadão Brasileiro, quem não tiver propriedade. Se prevalecesse esta regra, até a maior parte dos brancos nascidos no Brasil não seriam Cidadãos Brasileiros, a considerar-se somente a propriedade territorial, ou de bens de raiz; pois, em proporção que se argumenta a proporção, mas não crescendo as terras e os bens imóveis, muito menos gente os póde adquirir. Contudo grande parte do Povo póde ter propriedade mobiliar, industrial, e scientifica, que muito concorre para a riqueza da Nação. A propriedade do pobre está nos seos braços e força do seo corpo; ele prestado as suas obras, e serviços pessoas como jornaleiro, e criado, no campo ou na cidade, vem a ser membro útil da comunidade; e não faltarão brancos que os preferissem aos escravos, se houvesse em abundancia. Para que olharemos com tanto desprezo para os Africanos? Mal ajão os que introdizirão o trafico da escravatura para os irem arrancar do seo sólo natal, e fazerem da América uma Ethiopia! Os Portugueses forão os primeiros autores desse mal enorme. Consta da história, que, logo que se descobrio uma das Canarias (que se considerão Ilhas da África) alguns Portugueses roubarão os naturaes de terra, trazendo-os à Portugal cativos; o que tanto indignou ao Infante D. Henrique, que os mandou repôr vestidos ao seo paiz. Mas este mesmo Príncipe, depois do descobrimento das Ilhas de cabo Verde, admittio o comercio de escravatura, à titulo de *resgate* do Paganismo, para terem o beneficio da Christandade; mas realmente para com os escravos cultivarem a

Constituição e Cidadania

Ilha da Madeira, onde se introduzio a cultura da cana de assucar. O mesmo commercio se foi introduzido no chamado *Senhorio da Guiné*, e com tanta violência, que em toda a costa vizinha he conhecido o nome de – Apanhia, que designa o furtivo acto de apanhar os naturaes da Terra, que alias, como diz o Historiador João de Barros, continhão Povos creados na inoscencia de seos Padres, e que facilmente tomarão o jugo da Fé Catholica. Homero frequentemente menciona, os Povos da Ethiopia como *inculpados*, e de costumes simples, intitulando-os – *anumonus Ethiopéas*. O infernal trafico de sangue humano foi o que multiplicou as suas guerras para fazerem escravos; e esta foi a principal causa que impossibilitou a sua civilisação, e fez que nem onde primordialmente se fundou o *Castello de Ajudá*, se pudesse formar uma só Villa. Ocorre-me aqui uma razão moral sobre a distinção entre os forros Africanos e Creôlos. Considere-se que vaidade e insubordinação resultaria aos Creôlos pretos, ou de qualquer côr, e não os honrarem, como devem por prescrito do Decalogo. Tal sisania seria de péssimos efeitos. Bastem já, Senhores, as odiosas distinções que existem das *Castas*, pelas diferenças das cores. Já agora o *variegado* he atributo quase inexterminável da população do Brasil. A Politica, que não póde tirar taes desigualdades, deve aproveitar os elementos que acha para a nossa regeneração, mas não acrescentar novas desigualdades. A classe dos escravos daqui em diante olhará para esta Augusta Assembleia com a devida confidencia, na esperança de que velará sobre a sua sorte e melhora de condição, tendo em vista o bem geral, quanto a humanidade inspira, e a Politica póde conceder. Esta consideração por si só bastaria para ter benigna Sancção o Artigo controverso, que me parece só admitir a seguinte emenda, que peço licença para mandar á Mesa: 'Os libertos que adquirirão sua liberdade por qualquer titulo legitimo'. – Silva Lisboa. Foi apoiada".[77]

Parece adequado dizer que Silva Lisboa construiu seu discurso a partir de várias premissas. E, de entre estas, duas são importantes para melhor se compreender a sua defesa da cidadania aos alforriados. A primeira está baseada na história da escravidão cujos responsáveis, na opinião do parlamentar, foram, por um lado, os vários governos portugueses, embora, por outro lado, não devessem ser esquecidas as medidas legislativas que outros tomaram no sentido do reconhecimento da cidadania a alforriados assim como a liberdade para os escravos. A segunda premissa em que ancorou o seu raciocínio foi o princípio da igualdade, compreendido como um ideal universalizante que se estendia aos próprios escravos.

Os argumentos apresentados pelo deputado se constituem em bons exemplos que servem para se questionar o que vários autores brasileiros que escreveram sobre a obra de Silva Lisboa. Chama-se à colação o juízo de Sérgio Buarque de Holanda[78] sobre Cairu, nomeadamente quando afirma que este "já era um homem do passado, comprometido na tarefa de, a qualquer custo, frustrar a liquidação das concepções e formas de vida relacionadas de algum modo ao passado rural e colonial". Ora, Buarque de Holanda não foi o único autor a inserir a obra de Silva Lisboa, ligada ao pensamento conservador e/ou atrasado. De fato, Déa Fenelon sustentou, por sua vez, que Cairu personificou o pensamento de um liberalismo oportunista e de ocasião. Para esta autora,[79] foi com base neste liberalismo que ele formulou o seu projeto político de organização do estado nacional brasileiro. Afirma ainda a autora:

---

[77] Diário da Assembleia Constituinte do Império do Brasil 1823. Cit., p. 135, 136.

[78] HOLANDA, Sérgio, B. *Raizes do Brasil*. Rio de Janeiro: José Olympio, 1976, p. 53.

[79] FENELON, Déa. *Cairu e Hamilton: um estudo comparativo*. Belo Horizonte: Tese de doutorado em História UFMG, 1973, p. 180.

"É aí que o passadismo e a timidez liberal deste economista se revelarão explicitamente, pois, ao invés de se preocupar com uma profunda reforma da estrutura colonial de produção, ele formulou uma ideologia destinada a encobrir as contradições de um sistema liberal obrigado a coexistir com o regime monárquico absolutista, com a escravidão, com a grande propriedade rural etc.".

Ao fazerem tais afirmações, Buarque de Holanda e Déa Fenelon, entre os muitos historiadores brasileiros, possivelmente não levaram devidamente em conta o nível de conhecimento expresso não só nos discursos proferidos por Silva Lisboa, mas também na sua obra como um todo. E esta lacuna, bem como a projeção de preconceitos teleológicos na compreensão do passado, encontram-se ainda em outras leituras do ideário do pensador em análise. Por isso, contra os excessos de acriticismo que as interpretações canônicas podem provocar, lembremos os efeitos benéficos do "conflito das interpretações", no caso em pauta bem espelhado no fato de existirem várias pesquisas de outros historiadores que se posicionam de forma contrária. Entre estes, destacamos Joé Flavio Pereira e Lupércio Antônio Pereira,[80] assim como Fernando Novais e Jobson Arruda,[81] para quem os que classificam Silva Lisboa como um pensador passadista e conservador ignoram que Cairu, para além de um crítico ferrenho do mercantilismo e do antigo regime, foi um dos artífices do estado nacional brasileiro.

Muitos dos juízos apressados sobre o seu pensamento derivaram das inúmeras críticas que fez aos revolucionários franceses. Daí o apelidarem de antiliberal e de

---

[80] PEREIRA, José Flávio; PEREIRA, Lupércio Antônio. Instituições Jurídicas, propriedade fundiária e desenvolvimentpo econômico no pensamento de José da Silva Lisboa. In: *Estudos Avançados. História*. São Paulo, 2006, v. 25, p. 192-213, p. 206.

[81] NOVAIS, F. A.; ARRUDA, J. J. "Prometeus e atlantes na forja da nação". In: *José da Silva Lisboa. Observações sobre a fraqueza da indústria, e estabelecimento de fábricas no Brasil*. Brasília: Senado Federal, 1999, p. 85-1001.

conservador, não obstante essas críticas não se dirigirem aos princípios liberais, mas sim às ações que resultaram na política do terror. Por sua vez, importa sublinhar que as influências da escola clássica chegaram ao Brasil por meio de inúmeras publicações de Silva Lisboa principalmente pela adaptação da teoria de Adam Smith.

Ora, os discursos proferidos na assembleia constituinte também podem esclarecer muito do seu pensamento como podemos constatar, pois, o seu modo de ver as coisas teve de definir-se perante as questões concretas que bestavam em debate. Ao se manifestar sobre os revolucionários franceses, expressa a sua opinião afirmando que a atuação dos mesmos teria levado a França a perder as Antilhas. Por isso, as suas críticas visavam ao excesso de violência, à política destrutiva e à desorganização social francesa provocadas pela corrente liderada por Robespierre (jacobinismo), e não à concessão da cidadania aos alforriados. Robespierre, juntamente com os anarquistas, teriam abolido a escravidão em um ato impossível de ser praticado, além de ser contra a Lei suprema da *salvação do Povo*, porque, "onde o cancro do cativeiro só mui paulatinamente se pode ir desarraigando".

Não só desorganização social, como criado segundo a sua opinião, teria sido dos fatores a gerar condições para a ascensão de Napoleão. A imagem catastrófica sobre a França e o Haiti, revelada pelo autor, permite compreender que o novo estado brasileiro, a que ele estava, juntamente com os demais constituintes, construindo não poderia seguir os exemplos perniciosos. A rebelião de São Domingos pairava no espírito das elites brasileiras (e luso-brasileiras), como uma ameaça, nas décadas anteriores a 1822 e a sua presença ainda era forte no espírito de muitos dos constituintes de 1823. De onde suas falas se referiam a ela demonstrando o temor de que a barbárie pudesse se repetir no Brasil.

As reflexões feitas por Silva Lisboa são decorrentes de leituras, estudo e pesquisa de autores tidos como avançados na época. Uma leitura da obra,[82] permite afirmar a presença de Smith, perpassa todo o escrito sobre economia. E, não por acaso, ao escrever sobre *Teoria da Legislação Civil e Criminal*, buscou tanto a inspiração da doutrina de Bentham,[83] como de autores como Malthus, Adam Smith, (seu principal mentor), Godwin, Graham, além de Humboldt, João de Barros, Edmund Burke, Davanzati, Turbolo, Quesnay, Mirabeau, Montesquieu, Newton etc. Ora, se nos lembrarmos que muitos artífices não secundários da construção do que hoje designamos por "modernidade" –, temos que considerar apressadas as hermenêuticas que qualificam a produção científica de Lisboa como desinformada, conservadora e atrasada.

Crítico da via "jacobina" de resolução do problema da escravatura, Silva Lisboa também expôs a ferida da escravidão, ao mesmo tempo que evocava princípios filosóficos jusnaturalistas e recorria a argumentos históricos para defender a cidadania aos alforriados. A igualdade de direitos buscada pelo constituinte, deparava-se com alguns aspectos da realidade onde além das grandes diferenças econômicas, a do cativeiro tornava difícil implantar uma igualdade política, com base nos princípios universalistas. Demonstrou essa consciência ao referir que esses cidadãos *passivos* deveriam, segundo a *lei da boa razão*, estar protegidos pelo direito de cidadão, pois adquiriram a liberdade civil pelos modos e títulos legítimos estabelecidos no país.

O parlamentar se utilizou de dados da realidade como, por exemplo, heterogeneidade da população (população pobre) e principalmente a escravidão, como ele-

---

[82] LISBOA, Jose da Silva. Escritos econômicos escolhidos. 1804-1820. In: *Coleção de obras clássicas do pensamento económico português*. Lisboa: Banco de Portugal, 1993. Tomos I e II, p. 258.

[83] BENTHAM, Jeremy. Fundador da escola chamada *utilitarismo*. Sofrendo a influência empirista, essa teoria pretendia ser um instrumento de renovação social. Bentham substituiu a teoria do direito natural pela teoria da utilidade: o cidadão só deve obedecer ao Estado quando a obediência contribui para a felicidade geral.

mentos impeditivos para que se pudessem cumprir as premissas propostas no projeto de constituição. Para esses argumentos, valeu-se da realidade para estabelecer uma solidariedade entre juízos admitidos e outros que procurou promover, com argumentos históricos.[84] Os dados históricos serviram para descrever a composição da estrutura da população brasileira da época a qual, segundo ele, fora construída por Portugal, e o papel que a escravidão teve em tal construção. Contudo, apesar das diferenças estruturais, os argumentos sobre a defesa da proteção da lei para os alforriados e todos os que conseguiram a liberdade por meio de dispositivo legal foram por ele claramente explicitados, a par da sua preocupação face à multiplicação das particularidades e das exceções, essas destruiriam a força da regra.

Os fortes argumentos usados pelo parlamentar estavam embasados no liberalismo do século XVIII, onde a literatura escravista foi amplamente condenada, pois negava a liberdade aos escravizados. Os direitos naturais eram direitos dos indivíduos independentemente da sua integração em qualquer contexto social, por esse motivo a escravidão foi condenada pelos liberais deste século. Juridicamente, a escravidão constituía-se em uma impossibilidade, e a hipótese aristotélica do "escravo natural" deixava de possuir qualquer fundamento naquele contexto.

Se, para Silva Lisboa, a política não poderia eliminar as odiosas condições da escravidão, ela deveria servir para impedir que novas exceções fossem criadas. Há, nos seus argumentos, além de um pensamento político moderno, com base em argumentos jurídicos que demonstram um conhecimento da diferença entre direito natural e direito civil, a reafirmação da visão cristã. Tais diferenças seriam para o deputado *"hoje intolerável"*.

---

[84] PERELMAN, Chaim. *Tratado da argumentação*. Tradução de Maria E. Galvão. São Paulo: Martins Fontes, 1996, p. 297.

O discurso do direito[85] se apresenta como continuidade – conformidade às regras prévias ou justificativas de novas regras por meio de valores antigos. "[...] O direito nos ensina, ao contrário, abandonar regras existentes apenas se boas razões [derivadas de outras regras existentes] justificarem a sua substituição". Ao recorrer a uma tentativa de persuasão por meio do conhecimento jurídico como forma de afirmar a igualdade por autoridade de justiça, mas ainda por ser justo e político. Ao descrever fatos da história acerca da escravidão no Brasil, argumentou o deputado que uma decisão política favorável à escravidão seria sempre uma decisão ilegítima. Buscou, com base na sua percepção de justiça, a justiça para todos os homens e principalmente para aqueles que mais teriam sofrido pelas injustiças dos mais fortes. Desse modo a busca da justiça seria um dever de todos os que desejavam a melhoria do gênero humano.

Nos meandros pelos quais os valores defendidos por Silva Lisboa foram introduzidos no processo de subsunção de fatos às normas gerais, há uma lógica razoável, a qual rompe com os argumentos da hierarquização da diferença com base na cor da pele. O enfoque jurídico que serviu de argumento estava baseado na liberdade e na igualdade. O ordenamento jurídico com foco nos princípios do direito civil, pelo qual os cidadãos não devem sua existência e sustento ao arbítrio de outra pessoa, mas seus próprios direitos e poderes como membros de uma sociedade, pauta logo o seu tais premissas pautaram o primeiro discurso do parlamentar. Ainda na defesa dos alforriados, reafirmou-o, ao declarar que justificou afirmando que: "a política não pode eliminar certas desigualdades como a cor da pele, mas deve ser aproveitada para regenerar e buscar o bem geral". Quando se refere a *taboas rasas*, queria dizer que o indivíduo não entra na vida política "totalmente equipado", como dizia Bentham. Esse autor, já era conhecido dos

---

[85] MOOTZ III, Francis J. *Conhecimento Retórico na pratica e na teoria do direito*. Tradução de Luiza Araújo. São Leopoldo: UNISINOS, 2006, p. 49 e segs.

juristas portugueses nesse período, ao mesmo tempo que procurava igualmente influenciar os processos de constitucionalização das novas repúblicas a antiga América espanhola. Fernando Catroga[86] refere que:

"Bentham ofereceu as suas obras às cortes portuguesas, gesto que estas agradeceram em sessão de 13 de abril de 1821, mandando traduzi-las. A carta de agradecimento, em inglês, foi lida em 26 de junho de 1821, tendo-se decidido traduzi-la e publicá-la no próprio diário das cortes".

As premissas do discurso de Silva Lisboa estão fundamentadas na conexão entre direito e política onde a concepção dos juristas revela que em primeiro lugar os princípios da constituição do estado e da sociedade devem ser extraídos, ou deduzidos, das propriedades e qualidades inerentes do indivíduo considerado como ser autônomo, independente, de todo e qualquer vínculo social ou político. O deputado condena a diferença com base na natureza, entretanto, o paradoxal é que o estado, nesta visão, deixou de derivar como um todo parcial da harmonia decretada por Deus do todo universal. O ponto de partida já não é mais o conjunto da humanidade, mas o estado soberano individual, alicerçado e ordenado pelo direito moderno, de homens individuais, em uma comunidade revestida de poder político.

No que se tange à fundamentação da cidadania aos alforriados Silva Lisboa argumentava: *"tenho por farol ao Escripto do Espírito das Leis,* o qual adverte aos Legisladores: porque, multiplicando-se particularidades e excepções, se destroe a força da Regra, e, segundo ele diz, – *uns detalhes trazem outros detalhes".* A obra *O espírito das Leis,* de Montesquieu, citada pelo parlamentar, também contribuiu para a defesa das populações excluídas, principalmente quando sustenta que, "como todos os homens

---

[86] CATROGA, Fernando de Almeida. A constitucionalização da virtude cívica (os seus ecos nas Cortes vintistas). In: *Revista de História e Teoria das Ideias,* v. 29. Coimbra: Faculdade de Letras, 2008, p. 307.

Constituição e Cidadania **79**

nascem iguais, é necessário recordar que a escravatura é contra a natureza, ainda que em certos países ela se possa fundar na *razão natural*; é por isso muito necessário distinguir estes países daqueles onde mesmo as *razões naturais* a rejeitam, como os países da Europa, onde ela foi, felizmente, abolida".[87]

Todo o esforço travado pelo deputado busca responder ao problema principal da teoria do direito natural moderno com fundamento no contrato político, elevando-o a ponto de partida da vida social no interior da qual o indivíduo nasce e à qual pertence seja o que for que possua, cuja língua lhe é ensinada e que semeia em seu espírito o material de que suas ideias são feitas. A sociedade pressuposta nesse caso é a "sociedade civil", como referido por Dumont,[88] a do economista e não a sociedade do sociólogo. No caso da "sociedade civil" o social foi substituído pelo jurídico. O pensamento de Lisboa reflete o clima intelectual da época (inicio do século XIX), muito marcado pela problemática acerca dos fatores constituintes da sociedade política e, no plano filosófico, pelo individualismo de matriz espiritualista. E, na senda de Montesquieu também foi sensível ao magno problema da igualdade e dos fundamentos jurídicos de proteção ao indivíduo. A opção escravagista de alguns deputados pode ser mais bem compreendida se pensarmos no contexto mais amplo do liberalismo do início do século XIX: a existência de categorias sociais cuja hierarquia representava o prolongamento de uma sociedade estamental, realidade que ainda sobreviverá mais de seis décadas na sociedade brasileira.

Se, como refere Cristina Nogueira da Silva,[89] "Na américa portuguesa residia a maior população livre de origem

---

[87] Diário da Assembleia Constituinte do Império do Brasil 1823. Cit., p. 127, 128.

[88] DUMONT, Louis. *O individualismo. Uma perspectiva antropológica da ideologia moderna*. Rio de Janeiro: Rocco, 1985, p. 90, 91.

[89] SILVA, Cristina Nogueira. Cidadania e representação política no Império. In: *RES PUBLICA* Cidadania e representação política em Portugal, 1820-1926. Fernando Catroga e Pedro Tavares de Almeida (coord.). Lisboa: Assembleia da República, Biblioteca Nacional de Portugal, 2010, p. 99.

africana do continente americano, sendo o seu numero muito superior à população de origem europeia e até dos escravos e que esta população estava integrada, não obstante a sua discriminação sociológica", isso se constitui um dos elementos fundamentais para compreender a preocupação de Silva Lisboa na defesa da inclusão dos alforriados. Em que pese os direitos naturais fossem os direitos dos indivíduos independente da integração em qualquer contexto social e, por isso, a escravidão não poderia ser justificada moralmente e juridicamente uma vez que esses direitos existiam para proteger a liberdade original dos indivíduos dos poderes arbitrários e ilimitados dos proprietários de escravos, a abolição imediata da escravidão não foi defendida pelos constituintes de 1823 assim como pelos constituintes de 1822 em Portugal. Daí a mesma autora[90] afirma: "as referências aos direitos naturais do homem e à forma liberal de funcionamento dos poderes raramente estiveram associadas, na Europa continental, à defesa da abolição imediata da escravatura. Pelo contrário, esteve quase sempre associada à defesa de um abolicionismo gradual". A literatura sobre o tema , em grande parte, confirma a opinião sobre a defesa gradual da abolição. Tal defesa esteve, via de regra, associada à questão da propriedade e ao medo de convulsões sociais.

Sublinhe-se que na sessão em que Lisboa mais falou sobre o tema 30 de setembro, o Deputado Henrique de Resende pediu a palavra porque

> "achava-se resoluto em falar, para não produzir proposições que encerrão verdades, que por agora não julgo prudente enunciar; mas quando ouvi dizer em tão de protesto que não há filantropia no coração daquelles que votarem por este parágrafo, tive logo uma vontade ardente de falar".

Segue argumentando,

---

[90] SILVA, Cristina Nogueira da. *Constitucionalismo e Império*. Op. cit., p. 260.

"(...) Em uma Nação livre o combater pela Pátria he um direito em uma Nação escrava he um dever; (...) Eu li a historia geral da Inglaterra: vi o prospecto Histórico do governo do Parlamento Inglez por *João Miller*; e nella achei que nos princípios da Inglaterra o signal característico de Cidadão, que poderia aparecer nas Assembleias, ou Parlamentos, era o ser soldado, e combater em defesa da Pátria: quem não podia hir as Assembleias não podia ser soldado. Ora os escravos desde que que se tornavão praça no Corpo competente, ocupavão postos militares: nem se diga que era desde então que eles ficavão sendo Cidadãos. (...) Como, pois queremos nós agora tirar aos Libertos direitos de que eles sempre gosarão no tempo do Despotismo. Pois então porque estão em um sistema de Governo Liberal, hão de os libertos ficar de pior condição do estavão no tempo do Governo Despótico Mas um nobre Deputado querendo não sei porque motivo, sustentar teimosamente suas particulares opiniões , avançou princípios, não só absurdos, mas até perigosos, e subversivos. Citou de falso o artigo 14 deste Projeto para sustentar, que os libertos Africanos não devião ser Cidadãos. (...) Se o direito a força fosse um direito reconhecido, o nobre Deputado não estava livre, de que eu se tivesse força, o agarrasse e o levasse para o deserto, onde ninguem lhe podesse valer, e ficava de facto, e de direito sendo seo senhor. (...) voto pelo paragrapho tal como está ou pelo ao menos, com a emenda do Sr. Silva Lisboa".

Os debates sobre a questão da cidadania continuaram a ser a pauta principal da sessão de 30 de setembro quando vários deputados se pronunciaram acerca da concessão cidadania aos alforriados, índios e população pobre. Longos discursos foram proferidos, entre outros, por Almeida Albuquerque, Maciel da Costa, Henrique de Resende, todos com formação jurídica em Coimbra. E, no discurso de Henrique de Resende encontramos uma clara concordância com a proposta de Silva Lisboa. As afirmações categóricas do parlamentar revelam mais do que a defesa dos alforriados, Ao citar a história da Inglaterra abre um leque de debates acerca da aplicação de uma legislação europeia para os países em formação (ex-colônias). A nacionalidade que ele estava discutindo incluía, como afirmado, os alforriados, esses não seriam beneficiados pelos direitos políticos como de resto toda a população que não comprovasse renda superior a cem mil reis. Durante o domínio português, referido como "despótico", pelo parlamentar, os alforriados podiam participar da vida social por meio de várias profissões, como a de ocupar postos militares. A questão que envolve a posição dos alforriados está relacionada ao direito das gentes. A autora[91] afirma que "o direito das nações ou das *gentes (Ius Gentium),* na primeira metade do século XIX, tratava da relação entre metrópole e colónias, dos efeitos jurídicos e políticos da separação das colónias, relativamente às respectivas mães-pátrias, mas não equacionava as relações entre nações europeias e as populações nativas das colônias". No que se refere às diferenças entre escravos e alforriados, seria razoável considerar os alforriados cidadãos, já que a obtenção da liberdade teria mérito individual. Porém essa tese se defrontava com aquela segundo a qual os alforriados deveriam ser tutelados pelo estado porque seriam incapazes de se dirigirem em função de sua ignorância e de sua bruteza natural. Por outro lado, os juristas tiveram dificuldades em dar conta dos alforriados e dos escravos nos textos constitucionais: tanto escravos como libertos eram para eles pessoas e, como tal, sujeitos dos enunciados universalistas. A produção legislativa assim como a prática de decisões judiciais aparece a partir de perspectivas de um processo de racionalização mais amplo, onde o estado liberal em sua concepção inicial não se ocupava com o exercício das liberdades. No entanto a figura do escravo não podia inscrever-se em nenhuma categoria social, não poderia ser membro do corpo social, assim como não

---

[91] SILVA, Cristina Nogueira da. *Constitucionalismo e Império.* Op. cit., p. 73.

poderia ser considerado estrangeiro. A omissão da figura do escravo, no texto constitucional revela a existência de uma impossibilidade legal. Esse fato não ocorreu somente no Brasil, foi conhecido nas constituições europeias e nos Estados Unidos.

6. O segundo discurso de Silva Lisboa: a defesa dos alforriados

Silva Lisboa volta a se manifestar sobre o tema da cidadania ainda durante a sessão do dia 30 de setembro, assim se referindo:

"Senhor Presidente não posso deixar de falar pela segunda vez sobre o presente assunto (cidadania aos alforriados) visto que o nobre Membro o Sr. Maciel da Costa, a quem por tantos titulo respeito, impugnou com tanta vehemencia o artigo do Projeto da Constituição. Criticou com vehemencia os opositores que negavam o direito a cidadania e afirmou que conceder cidadania apenas aos que possuíam ocupação e que (...) salvo os que se distinguem em alguma indústria útil ao progresso da riqueza da nação. Principalmente fundou-se na Policia do sábio governo Inglez, que he mui restricto em naturalização de estrangeiros; na experiência da nação Francesa, sobre os males que soffreo dos enthusiastas de Philantrhropia das suas Colonias; e na pratica de alguns Estados dos Americanos do Norte, que até restringem indirectamente o arbítrio dos Srs. Em darem alforrias, obrigando-os a prover a subsistência dos seus libertos, para não serem cargo Publico, e até formando projectos de remeter para a África Colonias de negros forros, para se livrarem dos perigos que resultarião de sua presen-

Constituição e Cidadania

ça. Este ilustre Membro sustentou que os Africanos deverião ser considerados como estrangeiros, para se lhes não dar Fôro de Cidadão, ainda que libertos. Elle os considera como Barbaros, que forão sujeitos do seo Paiz à guerras de extermino, e ao hórrido despotismo dos seos governos, figurando pavorosos aos futuros, a não viverem sempre no Brasil no captiveiro, ou, ao menos, sem o gráo de Cidadão, posto que forros".[92]

Na primeira parte do discurso acima citado podemos identificar um amplo conhecimento sobre a situação política dos alforriados e escravos em Inglaterra, França, e em alguns estados da América do Norte. Tal conhecimento revela que durante os debates da assembleia, os deputados estavam informados acerca da política aplicada aos alforriados e escravos naqueles países. A consciência sobre os problemas da consolidação dos estados modernos, que se defrontavam com tal complexidade, é revelada pelo parlamentar. O conhecimento sobre os equívocos que perturbavam a relação entre o estado e a sociedade civil foram apontados. Sociedade essa que os constituintes pretendiam construir por meio da cidadania e dos direitos civis. Se a ideia de pertencimento dos alforriados crioulos ou africanos se manifestou, essa questão não foi considerada em termos gerais. Silva Lisboa buscava defender um mínimo de igualdade, mas é claro que essa igualdade não se fundamentava em uma igualdade política. Havia, naquele contexto, uma sociedade hierarquizada, a busca de *isonomia* apenas iniciada, com a defesa da igualdade civil, onde as características naturais cor da pele) não poderiam ser levas em conta.

A crítica foi ainda focada na proposta de dar tratamento aos africanos semelhante aos dados aos estrangeiros. Fez a defesa aos africanos citando o princípio da reciprocidade desenvolvido pelos franceses e assim se refere:

---

[92] Diário da Assembleia Constituinte do Império do Brasil 1823. Cit., p. 139 e segs.

"o Brasil tem o maior interesse de facilitar a naturalização de todos os Estrangeiros uteis para attrahir capitalistas, industriosos, e sábios, com que rapidamente se aumente a civilização e riqueza, e também se aclare e melhore a população do Império. E porque não teremos por modelo o sabio Governo Inglês na Politica, que mais de perto nos toca, sobre a importação de africanos, e proteção dos escravos contra o abuso dos Srs.? Por mais de vinte annos o celebre *wilberforce* preservou na Proposta da abolição do trafico de sangue humano, até afirmando ser contra o espirito do Christianismo, citando no Parlamento a sentença do Apostolo das Gentes nos *Actos dos apóstolos* capitulo 17, em que declara que Deos feito de um pai todo Genero Humano, estabelecendo os termos de suas habitações. Aquelle Philanthropo foi contrariado até com a injuria de *hypoeritá* (opróbio que já ouvi neste recinto). E porque se alega a Policia de alguns Estados da América do Norte, em que existe um systema de captiveiro, e onde alias não transborda a sabedoria, antes se nota a crueldade com os escravos, como na Virgínea, Carolina etc. sendo por isso comparativamente menos civilizado e rico a respeito de outros Estados livres; e não se louvou a Sabedoria do Congresso, que já prohibio absolutamente o trafico da escravatura africana, e até se marcou época em que deve cessar o systema de captiveiro? Todos os exagerados perigos e sustos se desvanecerão, e as Colônias Inglezas não só tem adquirido maior segurança, e exuberância dos braços necessários para o trabalho das terras, mas até ainda agora o grande queixume dos Colonos he baratezas dos gêneros Coloniaes na Europa, evidente syntoma de que se fazem culturas, e multiplicão produtos, que excedem a demanda effectiva dos mercados geraes".[93]

---

[93] Diário da Assembleia Constituinte do Império do Brasil 1823. Cit., p. 139 e segs.

Constituição e Cidadania

A partir do século XVIII, a literatura jurídica – semelhante à dos tratados organizados em torno da argumentação detalhada sobre legitimidade da sujeição dos escravos – encontrava-se vinculada a questões econômicas, à propriedade e à rentabilidade. Interessava-se saber a rentabilidade do trabalho, o comércio era, no pensamento dos economistas liberais, desde o final do XVIII, o instrumento capaz de fundar (além de uma economia como base de alianças) a consolidação das economias nacionais. Foi somente na primeira metade do século XIX que o direito das nações ou das *gentes* tratou do direito de propriedade como sendo o mesmo para todos os homens. Foi ainda, no início do mesmo século, que se escreveu sobre os direitos do homem, anterior à formação das sociedades, e contra os quais as assembleias constituintes não poderiam legislar. A liberdade individual, a segurança e a propriedade seriam direitos garantidos a todos.

Parece razoável, e mesmo importante, discutir os argumentos usados por Silva Lisboa no segundo discurso. Procurou fixar as concepções acerca das justificativas que defendiam os princípios econômicos liberais produzidos principalmente na Inglaterra e na França, assim como também observou a circunstância histórica específica do Brasil, naquele período. Importa realçar que na defesa dos que podiam ser sujeitos de liberdade estavam incluídos todos os alforriados, ou seja, os que haviam conquistado a liberdade por meio de instrumento legal (título legítimo), não importando o local de nascimento. Os argumentos ligados ao papel que alforriados crioulos ou não, assim como os escravos, tiveram nos diferentes corpos militares para a garantia do Império, soou forte na defesa do reconhecimento da cidadania. Esse fato renovou os ideais de igualdade, embora a defesa da abolição tenha levado em conta o contexto socioeconômico e político do país.

Para muitos autores que pautaram as suas análises com base na produção científica aliada a classes sociais, Silva Lisboa foi "um ideólogo do senhoriato brasileiro".

Dizer, por exemplo, que *Os escritos econômicos*, assim como a totalidade da obra do autor, atendiam apenas a um segmento social é desconhecer a opção de Silva Lisboa de introduzir com parcimônia as novas instituições, sem correr os riscos de repetir o ocorrido na França durante e após a Revolução. A opção por ter no modelo inglês as bases de sua proposta política, em que a defesa dos alforriados, da abolição, do direito de primogenitura, com a base em Smith, permitira implantar gradualmente a sucessão da propriedade, são exemplos contundentes. De opinião contrária, o autor[94] assim se refere a Silva Lisboa:

"(...) ao adotar a teoria do escocês a uma realidade escravista, na qual o trabalho estigmatizava e o ócio premiava, e também os seus bons princípios de católico extremado, foi obrigado a muitos malabarismos. Em seu *Principio de economia política*, pretensamente um folheto de divulgação de Smith, o bom Cairu remontou as ideias do mestre a seu modo, dando uma cor toda local a sua versão".

Na continuidade do discurso podemos ler que a defesa da liberdade foi a sua tônica. Por exemplo, ao se referir à Ilha de S. Domingos afirma:

"(...) tanto os Anarchistas como os Archictetos de ruinas, que pretenderam dar repentina liberdade aos escravos, como da desumanidade de seos Srs., que não quiseram admitir nenhuma modificação do seo terrível *Codigo Negro* são os responsáveis pelas revoltas. Então o conflito de Partidos, tão excessivos e desesperados, produzio os horríveis males que todos sabem. O mesmo bom Rei Luiz XVI, muito havia antes concorrido indiretamente, ainda sem intensão, para o transtorno que sobreveio; porque, ouvindo maus conselhos, especiosos na aparência facilitou e animou o trafico da escravatura dos Africanos, não só não im-

---

[94] HUNT, E. K. *Historia do Pensamento Econômico*. Ap. 3. Adam Smith. 28. ed. Rio de Janeiro: Editora Campos, 1981, p. 81.

pondo direitos à importação, mas até dando gratificações aos importadores; do que resultou exorbitante accumulação de Cafraria, e o incêndio de paixões, vinganças e resistências, que terminaram no estado em que ora vemos a Ilha de S. Domingos. Deixemos Sres. de olhar para a África com mãos olhos. Lembremo-nos que Moisés foi africano credo, como se diz nos Actos dos Apostolos, na Sabedoria do Egypto, e foi casado com uma mulher Ethiopica".[95]

Os argumentos, todos ricos em informações sobre a situação dos países em que ainda havia a escravidão, continuaram a exibir um profundo conhecimento da complexidade que estava enfrentando. Os exemplos históricos fazem parte da retórica argumentativa, como os que incluem a África como lugar onde a visão de barbárie só poderia ser compreendida em contextos nos quais "as mãos nos olhos" trazem a cegueira que impede de ver a África de forma mais ampla, tal como interpretado por alguns parlamentares.

Fez igualmente referência a seus professores na Universidade de Coimbra, como foi o caso do

"Mestre de Hebraico João Paulo Odar, Clérigo da Syria, era de opinião que a raça primitiva era de *cor de barro:* não só pela antiga e geral tradição de ter sido o homem formado de barro, como porque o termo *Adam* he, segundo a gramatica de raiz Hebraica, a terceira pessoa do verbo – *rubuit* – envermelheceo. Boas instituições, com recta educação, são as que formão seus homens para terem a dignidade de sua espécie sejão qual sejão as suas côres. O Doutor *Botado* em Lisboa foi Clérigo e Letrado negro, que (me perdoese-me dizer) *valia por cem brancos.* Em fim recordemonos que corpos Militares de Libertos, em que ao par estão creoulos, e Africanos, tem muito contribuído

---

[95] Diário da Assembleia Constituinte do Império do Brasil 1823. Cit., p. 139-140.

para o estabelecimento do império do Brasil. Em fim o caso já esta decidido pelo estilo do Juizo dos Orfãos, que costuma inventariar e arrecadar os bens dos filhos menores dos *Libertos*, e dar-lhes Tutor; o que he virtual reconhecimento de seo direito de cidadão. Só restava a Declarar ação authemtica na Constituição".[96]

A literatura que condenava a escravidão, já nos finais do século XVIII, fundamentou-se na condenação à negação da liberdade, e na propriedade de si mesmo, essa tese foi baseada nos princípios do jusnaturalismo, ou jusracionalismo. A condenação da escravidão foi apoiada pelos interesses defendidos pelos que pensavam ser o trabalho livre mais rentável (Jonh Locke, Adam Smith). A unidade entre propriedade e liberdade se constituiria no motor do progresso. O princípio da igualdade foi buscado durante o século XIX e se estendeu ao século XX em discussões parlamentares que ainda podemos constatar nos tempos atuais. Contudo, o estatuto das populações libertas assim como o das populações nativas, está longe de se esgotar em enunciados universalistas e igualitaristas. A leitura dos diários da Assembleia Constituinte de 1823 indica que os segmentos mais privilegiados estavam rodeados de populações que corporizavam comunidades tidas como pertencentes ao mundo civilizado, entre eles os libertos, os mestiços, os índios, entre outros. As cartas de alforria levaram ao debate sobre quais os alforriados que poderiam ser considerados nacionais. Nos debates da assembleia, a defesa foi feita sobre se considerar nacional somente os nascidos em território brasileiro (*jus solis*), essa tese foi combatida por Silva Lisboa quando da discussão acerca dos estrangeiros, entre eles os portugueses. E a exclusão dos libertos e dos estrangeiros não foi adotada no Projeto de 1823.

A proposta de eliminar a distinção entre libertos africanos e libertos crioulos no artigo relativo à cidadania foi

---

[96] Diário da Assembleia Constituinte do Império do Brasil 1823. Cit., p. 140.

Constituição e Cidadania

defendida com o argumento da contribuição dos libertos africanos e crioulos nos corpos militares nas lutas pela independência. No entanto, na Constituição de 1824 o liberto africano foi declarado estrangeiro, podendo nessa condição requerer naturalização. O estatuto jurídico dos libertos foi um problema tratado pelos constituintes, entretanto, na legislação do primeiro Império, o liberto aparece com o estatuto vinculado aos que poderiam solicitar cidadania por ser estrangeiro.

Durante o ano de 1823, o discurso sobre a diversidade da população brasileira e sobre a necessidade de construir as bases da sociedade por meio do reconhecimento da cidadania a todos os habitantes livres explicitaram as ambivalências da aplicação dos princípios liberais a uma sociedade onde as diferenças marcavam a grande maioria da população. Tais diferenças explicitavam-se não apenas nos escravos libertos, mas principalmente pela manutenção da escravidão, das populações indígenas, entre outros segmentos sociais, ligados por laços de sangue a escravos ou indígenas, a grande leva de mestiços, em sua maioria identificados como libertos. A argumentação utilizada por Silva Lisboa, entre outros deputados, estruturava-se em uma linguagem jurídica que fugia ao debate puramente político que se desdobrava de forma a refletir atores históricos regidos por uma diversidade de contextos linguísticos e políticos, os quais conferiram uma textura extremamente rica à história da construção das instituições fundadoras do Estado Brasileiro. Silva Lisboa tentou, em sua argumentação, convencer os demais deputados que as diferenças de cor não tinham nenhum significado que pudesse impedir o reconhecimento de cidadão brasileiro aos alforriados. Argumentou com exemplos históricos e ainda com as suas vivências para garantir a inclusão dos alforriados. As particularidades utilizadas na defesa do reconhecimento da cidadania destes últimos somaram-se ao conhecimento político jurídico sobre o constitucionalismo. Se, por um lado, o trabalho obrigatório determinava a situação do escravo esse mesmo trabalho civilizava, permitindo a ideia de que o africano livre fosse considerado cidadão com direitos civis, introduzida no Projeto de Constituição de 1823, tese que, ao que tudo indica, foi uma construção elaborada pela elite intelectual da época com base nos fundamentos universalistas do pensamento inspirado no direito natural, acompanhado pelas melhores justificações que podiam ser extraídas dos exemplos da história.

Depois desse "estado de crise" explicitado pelos deputados nos discursos acerca da cidadania, se pode constatar a absorção de ideias liberais como princípio fundamental de todo ordenamento jurídico brasileiro, onde o estado constitucional teve como papel principal promover as condições para que a liberdade e a igualdade dos indivíduos pudesse se concretizar. Os exemplos apresentados por Silva Lisboa sobre a população de origem africana refletem a preocupação em demonstrar a proximidade com os padrões culturais europeus. Os exemplos citados representavam os sucessos que muitos descendentes de escravos conquistaram e visavam eliminar a ideia de atraso e de inferioridade das culturas não europeias, tendo em vista à inclusão deste segmento da sociedade brasileira da época. A ideia de que o africano livre poderia ser um cidadão inovava em muito o pensamento liberal da época.[97]

No caso do novel país, a preocupação em consolidar, na constituição, a cidadania dos alforriados estava ligada a preocupação com a unidade do Império, unidade essa que se consolidaria por meio da construção da nação, pensada como a criação de condições para criar um ambiente de inclusão, de tal forma que a sociedade buscasse o máximo pertencimento possível dentro de um horizonte sociomental pautado pelo receio de revoltas como a do Haiti,ou de fragmentações de cunho republicano. Domi-

---

[97] Essa inovação já se encontrava na Constituição vintista de 1822, que foi pensada para ser aplicada ao reino Unido Portugal Brasil e Algarves e ainda aprovada em – setembro – por um numero relevante de deputados brasileiros presentes nas Cortes de Lisboa.

Constituição e Cidadania

nantemente, a ideia de representação política implicava a dimensão contratualista da nação e o ideal de inclusão, que a Lei Fundamental deveria instituir. Os vários discursos se referiam afirmando "devemos garantir a unidade da nação". Não podemos ainda deixar de referir que na doutrina jurídica do século XIX, ainda ancorada no direito natural moderno, postulava os direitos do homem eram vistos como anteriores à formação da sociedade política. Em linhas gerais, esses direitos buscavam garantir a liberdade individual, a segurança e a propriedade.

Podemos ainda sublinhar que, no discurso de muitos dos deputados, a defesa destes princípios foi de cariz *gradualista*, isto é, eles deveriam ser conquistados paulatinamente, em um contexto, vinculado a uma aproximação ao modo civilizacional de cultura. E, se os escravos estavam no meio do caminho entre "barbárie e civilização", já os alforriados surgem incluídos como civilizados, desde que atendessem aos critérios civilizacionais. E estes, critérios, via de regra, estavam associados à condição de se ter um ofício. O universalismo civilizacional seria o ponto de chegada, esse fato que permite pensar o lugar destes segmentos sociais, um lugar de grande distância, um lugar transitório, que se pretendia encurtar por meio da *assimilação*. A ideia de cidadãos, no texto do Projeto de 1823, reflete a diversidade cultural onde um número significativo de libertos foi vistos como sendo composto por indivíduos indefinidos em relação à cidadania.

A assembleia foi fechada por uma ação autoritária do Imperador D. Pedro I. Em que pese o fechamento da assembleia, é preciso lembrar que a grande parte do projeto apresentado por Antônio Carlos Ribeiro de Andrada já havia sido debatido e aprovado pelos constituintes. A Constituição outorgada em 1824[98] foi estruturada com base no projeto de 1823. A primeira constituição assegurou a continuidade da escravidão pelo artigo que garan-

---

[98] Biblioteca do Senado Federal: Constituição brasileira de 1824. Registro número 3400, 1974.

tia o direito de propriedade em sua plenitude (artigo 179, §22), a proteção da propriedade dos senhores de escravos estava garantida e a perda dos mesmos estaria sujeita à indenização. A constituição encadeou um processo iniciado nas constituições de 1791 da França e de 1812 da Espanha e na Constituição vintista de 1822. No entanto o triunfo do constitucionalismo data de 1776 com a Constituição Americana de matriz liberal individualista.

A Constituição Brasileira[99] de 1824 trata no artigo 1º da ordem política como se pode ler:

"1º da Constituição de 1824 podesse ler: 1. O IMPERIO do BRASIL he associação Política de todos os Cidadãos Brasileiros. Elles formão huma Nação livre, e independe que não adimitte com qualquer outra laço algum de união ou federação, que se opponha á sua Independencia".

No início do século XIX, o Império do Brasil foi concretizado pela primeira Constituição na qual a nação foi vista como uma comunidade composta por todos os cidadãos brasileiros. Esses cidadãos formariam uma nação livre e independente. O conceito de nação livre estava circunscrito aos cidadãos, um conceito alheio ao pertencimento étnico ou cultural de tais indivíduos. O princípio constitutivo de tal nação não poderia ser nem a raça nem o território, em face das condições iniciais de sua constituição. Entretanto, era essa comunidade que garantiria os direitos individuais e que lhes imporia os respectivos deveres, fazendo deles seus cidadãos. A dificuldade de pensar a nação enquanto unida por indivíduos com passado comum estava muito clara, basta lermos os discursos dos constituintes, aqui transcritos, para verificar a complexidade no trato da questão da cidadania. Essa dificuldade explicitava-se não apenas aos libertos nascidos na África, mas também a outras categorias sociais, como: liber-

---

[99] Biblioteca do Senado Federal: Constituição brasileira de 1824. Registro número 3400, 1974.

tos crioulos, filhos bastardos, índios, mestiços de toda a ordem, além dos portugueses que não optaram pela causa da independência nos primeiros meses após a proclamação, entre outros. Em uma concepção contratualista de estado a presença desse universo de categorias coincidia com as linhas que traçaram as fronteiras da comunidade nacional. À dimensão contratualista de nação foi acrescida a dimensão voluntária, os que se manifestassem por vontade de pertencimento, como se pode ler no artigo IV da constituição, por adesão. Podemos observar a preocupação dos deputados constituintes, citados ao longo do texto, em incluir na categoria de cidadão essa complexidade de indivíduos. Definir e delimitar a comunidade nacional tornou-se então o ponto central tanto que foi o segundo tema do primeiro texto constitucional do país. O modelo político foi o de Império, essa opção, ao nosso entender, precisa ser rediscutida, o que se fará em outra pesquisa.

No que se refere à cidadania a Constituição de 1824 seguiu a proposta do projeto aprovado pelos deputados constituintes de 1823. Já no título 2º foi definido quem seriam os cidadãos brasileiros, como podemos ler:

"TITULO 2º *Dos Cidadãos Brasileiros*. Art. 6. São Cidadãos Brasileiros:

I. Os que no Brasil tiverem nascido, quer sejão ingenuos, ou libertos; ainda que o pai seja estrangeiro, huma vez que este não resida por serviço da sua Nação.

II. Os filhos de pai Brasileiro, e os illegitimos de mãe Brasileira, nascidos em paiz estrangeiro, que vierem estabelecer domicilio no lmperio.

III. Os filhos de pai Brasileiro, que estivesse em paiz estrangeiro em serviço do Imperio, embora elles não venhão estabelecer domicilio no Brasil.

IV. Todos os nascidos em Portugal, em suas Possessões, que sendo já residentes no Brasil na epocba, em que se proclamou a lndependencía nas Províncias,

96 *Ruth Maria Chittó Gauer*

onde habitaváo, adherirão á esta expressa, ou tacitamente pela continuação da sua residencia.

V. Os estrangeiros naturalisados, qualquer que seja a sua Religião. A Lei determinará as qualidades precisas, para se obter Carta de naturalização".

Como se pode constatar no reconhecimento da cidadania aos libertos, na constituição desaparecem as distinções entre libertos crioulos e libertos africanos, uma vez que o artigo primeiro se refere apenas aos libertos. Podemos considerar um avanço do pensamento liberal manifesto e defendido pelos parlamentares com formação superior, como podemos ler ao longo da documentação aqui analisada. Por outro lado, não podemos deixar de mencionar a impossibilidade de tratar de forma diferente tais categorias. Qual seria o destino dos libertos africanos? Essa problemática havia sido discutida pelos deputados constituintes, a conclusão foi a de que não se poderia, neste caso, levar em consideração o território.

O reconhecimento de cidadania aos libertos incluídos na Constituição do Império explicita a singularidade do liberalismo brasileiro, explica-se pela continuidade da escravidão e não pelo conservadorismo da elite letrada, como a historiografia tradicional insistiu em afirmar. A situação descrita produz como resultado uma atitude ambivalente dos constituintes, que por um lado, defendiam a ideia de negar a cidadania aos alforriados, e por outro lado, defendiam os princípios liberais aos segmentos de descendência portuguesa, o que não é de todo estranho para os constitucionalistas de um mundo que se emancipava.

A questão da cidadania foi ainda remetida à questão da igualdade, o que impõe vários significados muitas vezes contraditórios. No que se refere à igualdade, os libertos não foram considerados cidadãos com direitos políticos, e não apenas eles, mas todos que não estavam incluídos em atividades lucrativas que lhes permitissem uma renda mínima a qual lhes dava o direito de votarem e serem votados. O artigo 94 da Constituição definiu quais cidadãos teriam direito a voto e quais seriam impedidos de votar, assim se referindo aos que estariam impedidos:

Exceto:

I – Os que não tiverem renda líquida anual de duzentos mil reis fruto de bens de raiz;

II – Os libertos;

III – Os criminosos.

Como se pode verificar, a grande maioria da população ficava impedida de usufruir os direitos políticos. Foram incluídos na cidadania como uma categoria à parte, desprovida de bens. Tais cidadãos seriam protegidos pelos direitos civis, mas não teriam direitos políticos. No caso dos libertos em que pese pudessem possuir bens estavam impedidos de votar ou serem votados. Esse dado aponta para a distinção entre pobres brancos e pobres libertos, uma vez que para os últimos há uma exceção específica.

7. Considerações

O modelo de cidadania defendido pelos constituintes de 1823, adeptos da igualdade a exemplo de Silva Lisboa, pautou-se na premissa da igualdade natural defendida por meio da integração das populações que habitavam o território brasileiro no período da independência. Podemos constatar que a oratória parlamentar utilizada nos debates acerca do reconhecimento da cidadania foi, em grande medida, uma forma de resolver alguns problemas que a complexidade da população colocava ao projeto de construção de um estado nacional unitário, no que se refere à população. As influências do liberalismo daquele período levaram muitos dos parlamentares a se defrontarem com as contradições frente à lógica da igualdade formal. Tal contradição se explicitou da mesma forma em questões relacionadas à soberania nacional, à representação política, à unidade do território, do povo e da nação. Todas essas questões envolviam soluções de problemas estruturais que explicitavam diferenças intransponíveis. As decisões apresentadas pelos constituintes, assim como pela Constituição de 1824, evidenciam as desigualdades concretas existentes na sociedade da época. Os postulados cosmopolitas das *Luzes*, que defendiam a humanidade em geral, coexistiam com a exclusão de nativos, escravos, pobres, mestiços, mulheres, alforriados, entre outros. Sendo assim, dificilmente se poderia pensar que os cidadãos do início do Império, no Brasil, poderiam ter sido equiparados. Os problemas enfrentados pelos constituintes com relação à hierarquia foram semelhantes aos enfrentados

Constituição e Cidadania

pelos constituintes da França e dos Estados Unidos no período das revoluções liberais.

Os princípios, retratados pelos discursos, remetiam à ideia de se aplicar gradualmente os direitos de igualdade, tal ideia apontava para o "bom-senso prático" de acomodação dos problemas. Tal prática diferenciava as ações políticas dos constituintes brasileiros das práticas utilizadas pelos franceses do período da Revolução, como apontado inúmeras vezes por Silva Lisboa. A população de libertos e de mestiços, entre outros, deveria ser gradualmente inserida na cidadania de forma hierárquica. A certeza da unidade da espécie humana e a convicção de que todos deveriam caminhar para o progresso, com objetivo de alcançar a civilização, foi a base do pensamento da época. Sendo assim, dificilmente a ação política de então poderia não reconhecer a cidadania, assim como também não poderia deixar de criar categorias diferenciadas para os cidadãos. A nação tal como foi proposta pelo *Direito das Gentes* na estrutura do direito natural desde o final do século XVIII, teve por premissa a ideia de que a humanidade se constituía com base em uma igualdade natural. O direito natural moderno, com base na absoluta igualdade da natureza humana, não previa a hierarquização desta natureza, razão pela qual não foi prevista a hipótese de, por meio da explicitação de critérios raciais ou étnicos, se excluírem alguns povos da comunidade nacional. Tal universalismo seria o ponto de chegada, quando todos alcançassem a civilização seria possível a universalização da cidadania.

A argumentação usada por Silva Lisboa para impedir uma maior hierarquização da cidadania explicita a defesa da igualdade quando refere:

> "Boas instituições, com recta educação, são as que formão seus homens para terem a dignidade de sua espécie sejão qual sejão as suas côres. O Doutor *Botado* em Lisboa foi Clérigo e Letrado negro, que (me perdoe-se-me dizer) *valia por cem brancos*. Em fim recordemo-nos que corpos Militares de Libertos, em

que ao par estão crioulos, e Africanos, tem muito contribuído para o estabelecimento do império do Brasil. Em fim o caso já esta decidido pelo estilo do Juízo dos Órfãos, que costuma inventariar e arrecadar os bens dos filhos menores dos *Libertos*, e dar-lhes Tutor; o que he virtual reconhecimento de seo direito de cidadão. Só restava a Declarar ação authemtica na Constituição".[100]

O constituinte explicita na sua oratória a crença no projeto civilizador, além disso, é possível verificar que o autor buscou, por meio dos exemplos, anular o vocabulário marcado por assunções racistas usados por alguns constituintes.

A solução encontrada pelos constituintes de 1823 foi pensada para resolver, em primeiro lugar, o problema da cidadania, por ser essa a base estrutural da sociedade e, por conseguinte, do Império. A representação política do parlamento evocado como símbolo da igualdade que unia "todos" os nascidos em território brasileiro permitiu que se criassem, com base na categoria de cidadão, várias formas de cidadania, como se pode ler no "Título 2º *Dos Cidadãos Brasileiros*". Art. 6º da Constituição de 1824, acima citado. A presença da escravidão impediu que a liberdade de trabalho, assim como a liberdade contratual e a igualdade face ao direito, direito do civilizado, não fosse atingida.

Os enunciados igualitaristas não foram favoráveis à igualdade jurídica na medida em que os constituintes estavam pautados pela crença de que o processo civilizacional levaria à nacionalização dos diferentes, daí a missão civilizadora que incluía a educação ter sido vista como uma espécie de alternativa para os "selvagens africanos e indígenas que habitavam o território brasileiro". O conceito de igualdade aplicado aos alforriados em geral expandiu-se em função do elenco de diferenças da população

---

[100] Diário da Assembleia Constituinte do Império do Brasil 1823. Cit., p. 140.

Constituição e Cidadania   **101**

naquele período. Tal expansão pode ser constatada no reconhecimento da cidadania aos libertos, tanto que na letra da Constituição de 1824 desaparecem as distinções entre libertos crioulos e libertos africanos, uma vez que o artigo primeiro se refere apenas aos libertos. O fato de ter sido omitida a diferença entre liberto crioulo e africano pode ser interpretado como a inexistência de tal diferença. A omissão pode também ter significado uma estratégia destinada a evitar reações aos moldes das que ocorreram no Haiti que se constituíram em um fantasma para autoridades e população branca.

Há ainda uma questão que reputo como importante para pensar sobre os discursos dos constituintes trata-se como em seus argumentos explicitam a forma como pensavam o direito: só viam a lei no concreto, daí o problema de ultrapassar as diferenças. A ideia de direito é abstrata, não se concentra no concreto, uma concepção antropológica universalista de direito implica a vontade de abstrair desses critérios concretos (raça, renda, propriedade, profissão, território, grau de civilização, entre outros) em nome de uma cidadania universal.

Para além das questões acima apontadas, pensar cidadania ligada à nacionalidade é pensar coletivos, em diferentes tempos. O conhecimento consiste mais precisamente na construção de versões de mundo, a cidadania é um dos elementos que constituem o mundo moderno. Nação e nacionalidade foram construções inseridas em tempos históricos diferentes, o primeiro reconhecido como fruto da subjetividade e o segundo como fruto da racionalidade, ambos constituem-se na fonte que possibilitou uma dada compreensão sobre a nacionalidade brasileira durante o período da construção do estado. Foram várias as reinvenções da cidadania brasileira desde o início do Império.

A nação é feita por coletivos, em diferentes tempos, o conhecimento consiste mais precisamente na construção de versões de mundo, onde a nação é um dos elementos que constituem o mundo moderno. Nação e nacionalidade foram construções inseridas em tempos históricos diferentes, o primeiro reconhecido como fruto da subjetividade, e o segundo como racionalista, ambos constituem-se na fonte que possibilitou uma poética da nacionalidade brasileira durante o período da construção do estado. Foram várias as reinvenções do início do Império e do segundo Império ao período inicial da república, do modernismo e da segunda metade do século XX. Quando dois sistemas ou versões individualizam diferentemente, discordam nas respostas às questões, o que é o mesmo e o diferente, a permanência e a mudança refletem uma mesma origem. Demonstrar com extrema propriedade que as fontes utilizadas tanto por que foram as mesmas, dessa forma as versões sobre a nação e a nacionalidade são entidades distintas ou as mesmas em tempos diferentes. Ambas as versões dão conta da metamorfose do conhecimento. Daí entendermos serem essas versões construtoras de ambiguidades, esta tese não é pacificamente aceita, já foi observado que a noção de construir mundos, na expressão de fazer mundos a exemplo do mundo nacional, é ambígua. Neste particular, as versões criadas e as coisas descritas ou representadas por essas versões são fruto de novas linguagens, introduzidas pelo primeiro liberalismo, com suas especificidades traduzidas pelos deputados constituintes de 1823. Ela é apresentada no momento em que foi construída a interpretação através da aproximação de autores até então vistos como diferentes, assim como na base das argumentações, onde imprimiu as condições para a compreensão de que o universalismo como totalidade seria impossível de ser aplicado.

Importante é salientar que, além da erudição, o estilo do autor é marcado pela faculdade de compreensão que abrange as possibilidades de investigar e inventar, o processo de construção de novos saberes. A compreensão não exige nem a verdade, nem a crença, nem a justificação; dá conta tanto da linguagem literal como metafórica, daí seu estilo se aproximar de uma análise que lembra a filosofia da compreensão. Com esse foco, podemos ler nos discursos, que não devemos simplesmente mudar as narrativas sobre a cidadania, mas transformar nossa noção do que significa a nacionalidade e a nação em diferentes tempos. Da mesma forma, não podemos pensar que no início da segunda década do século XIX se pudesse pretender que a cidadania tivesse a mesma forma do período da consolidação das democracias do século XX.

Bibliografia

BAUMER, Franklin L. *O Pensamento Europeu Moderno*, v. I, v. II, Vila Nova de Gaia, Edições 70, 1990.

BOBBIO, Norberto. *Igualdade e Liberdade*. Rio de Janeiro: Ediouro, 1996.

BRANDÃO, Cláudio; SALDANHA, Nelson; FREITAS, Ricardo (orgs.). *O Direito no Pensamento Romano*. In: *História do Direito e do Pensamento Jurídico em Perspectiva*. São Paulo: Atlas, 2012.

CARVALHO, José Murilo de. *Cidadania no Brasil. O longo caminho*. 5. ed. Rio de janeiro: Civilização Brasileira, 2004.

CATÃO. *De Re Rustica*. Londini, W.D. Hooper e H.B. Ash editi, 1934 (penelope. uchicago.edu/Thayer/L/Roman/Texts/Cato/De_Agicultura*.html, 24 de Agosto de 2012).

CATROGA, Fernando de A. Quimeras de um façanhoso Império: o patriotismo constitucional e a independência do Brasil. In: *Memoria escrita e cultura politica no mundo luso-brasileiro*. Organizadores, (Jaqueline Herman, Francisca L. Nougueira de Azevedo, Fernando Catroga). Rio de Janeiro: FGV, CAPES, 2012.

———. A constitucionalização da virtude cívica (os seus ecos nas Cortes vintistas). In: *Revista de História e Teoria das Ideias*, vol. 29, Coimbra, Faculdade de Letras, 2008.

———. *Caminhos do Fim da História*. Coimbra: Quarteto Editora, 2007.

———. *A Geografia dos Afectos Pátrios*. Coimbra: Almedina.

DIAS, José Sebastião da Silva. "Pombalismo e cultura política". In: *Cultura, História, Filosofia*, nº 1, 1982, p. 45-114 e "Pombalismo e projecto político". In: *ibidem*, nº 2, 1983.

DUMONT, Louis. *O individualismo. Uma perspectiva antropológica da ideologia moderna*. Rio de Janeiro: Rocco, 1985.

FALAS DO TRONO. Desde o ano de 1823 até o ano de 1889. Prefacio de Pedro Calmon. São Paulo: Melhoramentos, 1977.

FENELON, Déa. *Cairu e Hamilton*: um estudo comparativo. Belo Horizonte: Tese de doutorado em História, UFMG, 1973.

FERRAJOLI, Luigi. *El Garantismo y la Filosofía del Derecho*. Tradução de Fernando Hinestrosa e Hernando Parra Nieto. Bogotá: Universidad Externado de Colombia, 2000.

GAUCHET, Marcel. *La révolution des droits de l'homme*. Paris: Gallimard, 1989.

GAUER, Ruth M. Chittó. *A construção do estado-nação no Brasil*. 2. ed. Contribuição dos egressos de Coimbra. Curitiba: Juruá, 2007.

Constituição e Cidadania

HOLANDA, Sérgio Buarque. "– A herança colonial – sua desagregação" – O Brasil Monárquico, 1. O processo de emancipação. *História Geral da Civilização Brasileira*, II (1). São Paulo: Difusão Européia do Livro, 1962, p. 27.

——. *Raízes do Brasil*. Rio de Janeiro: José Olympio, 1976.

HUNT, E. K. *Historia do Pensamento Econômico*. Ap. 3. Adam Smith. 28. ed. Rio de Janeiro: Campos, 1981.

KANT, E. A liberdade, o individuo e a república. In: Francisco Weffott, (org.). *Os clássicos da politica*. São Paulo: Ática, 1991.

KOSELLECK, Reinhart. *Crítica e Crise*. Rio de Janeiro: Editora da UERJ, 1999.

LISBOA, José da Silva. Escritos econômicos escolhidos. 1804-1820. In: *Coleção de obras clássicas do pensamento económico português*. Tomos I e II. Lisboa: Banco de Portugal, 1993.

LOCKE, J. Ensaio sobre o entendimento humano. In: *Coleção os Pensadores*. São Paulo: Abril Cultural, 1973.

——. Segundo Tratado sobre Governo. In: *Coleção os Pensadores*. São Paulo: Abril Cultural, 1973.

MOOTZ III, Francis J. *Conhecimento Retórico na pratica e na teoria do direito*. Tradução de Luiza Araújo. São Leopoldo: UNISINOS, 2006.

NOVAIS, F. A.; ARRUDA, J. J. "Prometeus e atlantes na forja da nação". In: *José da Silva Lisboa. Observações sobre a fraqueza da indústria, e estabelecimento de fábricas no Brasil*. Brasília: Senado Federal, 1999.

PEREIRA, José Flávio; PEREIRA, Lupércio Antônio. Instituições Jurídicas, propriedade fundiária e desenvolvimento econômico no pensamento de José da Silva Lisboa. In: *Estudos Avançados*. História, São Paulo, 2006.

PERELMAN, Chaim. *Tratado da argumentação*. Tradução de Maria E. Galvão. São Paulo: Martins fontes, 1996.

ROUSSEAU, Jean-Jaques. Do contrato social. In: *Os Pensadores*. São Paulo: Abril Cultural, 1973.

SILVA, Cristina Nogueira da. *Constitucionalismo e Império*. A cidadania no ultramar português. Coimbra: Almedina, 2009.

SOBRAL, José Manuel. Cidadania, nacionalidade, imigração: um Breve Historial das suas Inter-Relações contemporâneas com referência ao caso Português. In: *Cidadania no Pensamento Politico Contemporâneo*. Estoril: Princípia Editora, 2007, p. 138.

SOUSA, Alberto. *Os Andradas*. São Paulo, 1922, II.

TOCQUEVILLE, Aléxis de. *A democracia na América*. Belo Horizonte: Itatiaia; São Paulo: Editora da Universidade de São Paulo, 1987.

Jornal

REVÉRBERO Constitucional Fluminense, n. 18, 24 de setembro de 1822.

Documentos

ANNAES Fluminenses de Sciencia, 1822 e RIHGB, 29, part.

BENTHAM, Jeremy. Fundador da escola chamada *Utilitarismo*.

CORRESPONDÊNCIA Oficial RIHGB t. Especial 1922.

DIÁRIO da Assembléia Constituinte do Império do Brasil 1823. Introdução de Pedro Calmon. Senado Federal, volumes nº I, II, e III.

DIRECTÓRIO, o que se deve observar nas povoações dos Índios do Pará e Maranhão em quanto sua Majestade não mandar o contrário. In: *Colleção da Legislação Portugueza desde a última compilação das Ordenações*, redigida pelo desembargador António Delgado da Silva. 1750-1962 Lisboa, 1830.

SEBASTIÁN, Javier Fernandes. "Estado, Nacion y Patria en el Linguaja Politico Español. Datos Lexicométricos y Notas para uma Historia Conceptual". *Proyecto de investigación BFF 2002-01194*, del ministério de Ciencia y Tecnologia.

Impressão:
Evangraf
Rua Waldomiro Schapke, 77 - POA/RS
Fone: (51) 3336.2466 - (51) 3336.0422
E-mail: evangraf.adm@terra.com.br